W0228429

W0228429

Johanna Maier

COLLECTION
ROLF HEYNE

Johanna Maier

MEINE KOCHSCHULE

Fotografiert von Luzia Ellert und Rainer Herrmann
Aufgezeichnet von Hadubrand Schreibershofen

COLLECTION ROLF HEYNE

Viel Liebe!

»Was braucht man, um gut zu kochen, Frau Maier?« Diese Frage wird mir wieder und wieder gestellt. Und ich kann immer nur eines darauf antworten: »Viel Liebe!«

Liebe für die Menschen, die Sie bekochen. Liebe für die Zutaten, die Sie verwenden. Und auch Liebe zu sich selbst. Denn nur so entsteht ein gefühlvolles und ehrliches Gericht, das Ihnen schon beim Zubereiten Freude macht und das allen so richtig gut schmecken wird.

Ich möchte Ihnen in meinem neuen Buch nur Rezepte zeigen, die einfach sind und immer gelingen. Und die dabei doch raffiniert sind. Das Wort »Kochschule« drängt sich für mich deshalb auf, weil ich Sie Schritt für Schritt in eine Welt des sicheren Geschmacks führen will. Das beginnt mit der Ausstattung von Küche und Speisekammer, geht über in die Vorratshaltung und endet – ja: endet – mit der Vorbereitung, der so genannten »mise en place«. Das bedeutet, dass Sie vor dem eigentlichen Kochbeginn die notwendigen Geräte herrichten und die Lebensmittel schon waschen, in die richtige Größe schneiden und so weiter… Der Rest geht nämlich eigentlich ganz von allein, wenn Sie sich ein Grundverständnis über die unterschiedlichen Zubereitungsarten angeeignet haben. Und wenn Sie frische Zutaten von feinster Qualität mit besten Fonds, Gewürzmischungen, Marinaden und mit etwas Geduld verbinden, werden Sie immer Erfolg haben. Versprochen! Und das Gute daran ist: Sie brauchen gar nicht so viel Zeit, wie Sie denken. Sie sollen ja nicht stundenlang in der Küche stehen. Das überlassen Sie getrost denen, die das Kochen als Beruf gewählt haben.

Als ich vor beinahe 25 Jahren begonnen habe, für das leibliche Wohl unserer Hotel- und Wirtshausgäste zu sorgen, hatte ich nicht mehr Ahnung von Arbeitsabläufen, Garmethoden oder Geschmackskombinationen als jede andere Hobbyköchin oder versierte Hausfrau. Nein, sogar eher weniger, um ehrlich zu sein. Mein Interesse und Verständnis für die »moderne Küche« hat sich sehr langsam und über Jahre entwickelt: durch meinen Aufenthalt in Frankreich, durch Seminare bei Meisterköchen und natürlich auch durch Besuche in Spitzenrestaurants. Und mit einem Mal war mir klar: **So will ich auch kochen können.**

Leicht muss ein Essen für mich sein, gerade auch wenn es mehrere Gänge umspannt. Die der jeweiligen Saison entsprechenden Aromen sollen im Mund förmlich explodieren. Und ein Essen muss appetitlich aussehen. Deshalb legte ich all meine Kraft in das, was ich schmecken wollte. In das, was ich fühlen wollte. In das, woran ich glaubte.

Ich habe also versucht, Weiblichkeit auf die Teller zu zaubern. Keine üppigen Mehlsaucen mehr. Kein matschig gekochtes Gemüse, das über Stunden warm gehalten wird. Ich vermied fettes Fleisch, bevorzugte zartes; ich verwendete frischen Fisch aus unseren Bächen. Ich versuchte mich an duftigen, salatbetonten Vorspeisen ebenso wie an luftig-leichten Desserts mit saftigem Obst. Machte Nudelteig selbst, entwickelte Fonds und Saucen, die ich universell einsetzen konnte und die mir die Arbeit erleichterten.

Und das Allerwichtigste: Ich wollte keine üppigen Portionen mehr aus der Küche schicken, nach deren lähmendem Genuss man sich sofort schlafen legen musste. Ich verwendete Zutaten bester und natürlicher Qualität, auch wenn sie ein wenig mehr gekostet haben. Und auch, als sie jahrelang keiner haben wollte: Unsere Gaststube war oft leer. Die wenigen Gäste waren mitunter verstört von dem, was sie auf dem Teller vorfanden.

Das war eine harte Zeit – glauben Sie mir. Doch ich wusste, ich war auf dem richtigen Weg. Ich wusste, mit der Hilfe und dem Verständnis meiner Familie werde ich meine Ideen umsetzen können. Und auf lange Sicht auch Erfolg haben.

Essen kann eben beides sein: Gift oder Medizin für Körper und Seele. Ich habe mich für Medizin entschieden: die geschmackvolle Medizin aus der Natur, die wir uns täglich gönnen sollen. Und die uns hilft, glücklicher und wirklich gesünder zu werden. Dabei richte ich mich auch stark nach den Jahreszeiten: Im Winter darf es ruhig ein bisschen üppiger sein. Mit Schlagobers, Butter und wärmenden Gewürzen wie Zimt, Zitronengras, Chili oder Ingwer. Wenn es dann draußen wieder wärmer wird, reduziere ich den Fettanteil meiner Gerichte. Dann kommt vor allem gesundes Olivenöl zum Einsatz. Und zum Würzen: frische Wiesenkräuter, Bärlauch, Frühlingszwiebeln und der Saft von kühlenden Zitrusfrüchten.

Diesem natürlichen Zyklus zu folgen ist ganz einfach: Hören Sie darauf, wonach Ihr Körper verlangt. Vertrauen Sie Ihrer Vorstellungskraft, und – ein kleiner Trick – achten Sie einfach darauf, welche Zutaten Sie gerade frisch am Markt oder aus dem eigenen Garten bekommen können. Dann liegen Sie bestimmt richtig. Tomaten im Winter zu verwenden ist genauso unpassend wie übermäßig Wurzelgemüse oder Grünkohl im Sommer.

Viele meiner Rezepte fallen mir beim Spazierengehen ein. Ich blicke in Gottes Natur, sehe die Farben, nehme Gerüche wahr. Dann denke ich an ein Produkt. Ein Stück gegartes Fleisch oder Fisch. Und rieche in Gedanken daran. Kombiniere es mit passenden Kräutern, Gemüse oder Früchten. Sehe die Farben auf dem Teller. Das sanfte Weiß eines gebratenen Zanders – kombiniert mit dem satten Rot der Roten Rübe. Schmecke die Erdverbundenheit der Sauce und spüre die aromageschwängerte Luft von frisch gehackten Kräutern. Dann gehe ich mit Vorfreude in die Küche und experimentiere. So lange, bis ich zufrieden bin. Und wenn sich die erdachte Harmonie nicht auf den Teller bannen lässt, dann werden meine Gäste dieses Gericht auch nicht vorgesetzt bekommen. Vielleicht aber nach meinem nächsten Spaziergang.

Guten Geschmack zu haben – und auch zu produzieren – kann man lernen. Das ist kein Scherz! Es ist jeden Tag aufs Neue ein Schnuppern, ein Schmecken, ein Experimentieren, ein sich Herantasten an das Perfekte. Nur wenige Köche haben von Natur aus das richtige »G'spür«. Auf Neudeutsch würden wir das vermutlich »Feeling« nennen. Ich habe es nicht. Ich habe mir mein G'spür hart erarbeitet – das kann jeder. Wenn mir etwas misslingt, dann bin ich natürlich traurig. Aber es gibt immer einen zweiten und dritten Versuch. Und wenn es sein muss, auch einen vierten. Glauben Sie mir: Kaum ein Koch ist wirklich begnadet, aber viele – und auch die bringen wunderbares Essen auf den Tisch – haben sich durch Übung zu echten Meistern gemacht. Und mit ein paar Tricks, die ich Ihnen vor allem im Rezeptteil verraten möchte, werden auch Sie so kochen können, dass Sie Freude an der Zubereitung selbst und natürlich auch am gemeinsamen Essen haben werden.

Viel Vergnügen, gutes Gelingen und einen guten Appetit wünscht Ihnen
Ihre

Johanna Maier

Begleiten Sie mich nun in die Küche, damit wir gemeinsam nachsehen können, welche Geräte Sie brauchen, um schnell, effizient und ganz ohne Hexerei die besten Speisen auf den Tisch zaubern zu können:

Der Herd ist sicherlich das Herzstück Ihrer Küche. Ganz egal, ob hochmoderner Induktionsherd, Ceranfeld, herkömmliche Elektroplatten oder Gas, Sie wissen am besten, wie sie ihn im Griff haben. Einzig das Backrohr birgt »Gefahren«. Am besten, Sie besorgen sich ein Bratenthermometer und kontrollieren die angegebenen Temperaturen. Nicht immer stimmen die angezeigten Werte. Und ganz wichtig: Bei Heißluft-Herden müssen Sie, falls im Rezept ein herkömmliches Backrohr beschrieben ist, immer 20 °C abziehen. Das bedeutet: Braten Sie mit 180 °C im normalen Ofen, sind es nur 160 °C im Heißluft-Rohr. Wahrscheinlich haben Sie keinen Dampfgarer oder Konvektomat zu Hause. Macht nichts: Stellen Sie einfach ein feuerfestes Gefäß mit Wasser ins Rohr, und verwenden Sie die Heißluftstufe. Das ist fast genauso gut. Noch etwas: Wenn Ihnen beim Kekse-Backen schon einmal aufgefallen ist, dass die hinteren Kekserln zu schnell braun werden, während die vorderen noch blass und vielleicht roh sind: dann einfach nach der Hälfte der Backzeit das Blech umdrehen. So gleicht sich die unterschiedliche Temperatur wieder aus.

Beim Niedertemperatur-Braten sollte das Fleisch immer auf dem Gitter liegen (bitte eine Fettpfanne darunter stellen!). Dann kommt rundum die gleiche Temperatur ans Fleisch, und das Ergebnis ist ein herrlich rosafarbenes Stückerl Fleisch, an dem Sie richtig Freude haben werden. Auf den Einsatz einer Mikrowelle verzichte ich nach Möglichkeit: Auch wenn sie zugegebenermaßen beim Anrichten von vielen verschiedenen Komponenten auf einem Teller sehr praktisch ist …

Töpfe gibt es in vielen verschiedenen Größen und Formen. Am besten sind die aus Edelstahl. Ob die Töpfe einen dicken oder dünnen Boden haben, bleibt ganz Ihnen überlassen. Dünnere Böden leiten die Hitze schneller, dickere halten im Gegenzug länger warm. Ich bevorzuge die dünneren Böden. Wichtig sind nur ein glatter Schüttrand (damit fällt das Umgießen leichter), gut schließende Deckel und hitzebeständige Griffe für den Einsatz im Backrohr. Zusätzlich zu einigen Töpfen mit zwei Griffen sind auch Stielkasserollen sehr praktisch. Sie sind kleiner, haben (als »Sauteusen«) innen abgerundete Bodenkanten und eignen sich hervorragend dazu, Saucen zu reduzieren, Gemüse kurz durchzuschwenken oder Cremes aufzuschlagen. Dazu kann man diese Töpfchen nämlich gut schräg halten. Gut wäre auch ein Bräter für großes Geflügel oder den Festtagsbraten; am besten mit Deckel. Schnellkochtopf brauche ich keinen. Denn würde ich Suppen darin kochen, könnte mir die Bouillon leicht trüb werden. Und außerdem mag ich das, was ich koche, gerne beobachten. Riechen. Und immer wieder kosten und abschmecken.

Bei den Pfannen gilt für die Bodenstärke Ähnliches wie bei den Töpfen. Dünn leitet schneller. Dick hält länger warm und verteilt die Hitze gleichmäßiger. Unterschiede machen sich hier aber vor allem beim Material bemerkbar. Edelstahlpfannen eignen sich gut zum Braun-Anbraten von Fleisch. Dann aber müssen Sie Folgendes beachten: Das Fleischstück nicht sofort vom Pfannenboden zu lösen versuchen. Geben Sie ihm eine Minute Zeit, bis seine Oberfläche eine Kruste bildet. Dann lässt es sich – ohne mit einer Gabel hineinzustechen – mit einer Palette leicht anheben (damit wieder Öl unter das Bratgut kommt) und auch wenden. Bei beschichteten Pfannen kann fast nichts anbrennen, und man braucht viel weniger Fett. Ideal also für Diätspeisen, Fisch-, Eier- oder Kartoffelgerichte. Gusseisen-Pfannen mag ich nicht so gerne, obwohl sie die Hitze extrem lange speichern. Die sind mir zu schwer, und außerdem muss man sie nach jedem Waschen einölen, damit sie nicht rosten.

Sie brauchen also als Topf- und Pfannen-Grundausstattung: einen großen Suppentopf, einen Bräter, zwei mittelgroße Kochtöpfe mit Deckel, ein bis zwei Stielkasserollen, eine flache Bratpfanne aus Edelstahl, eine beschichtete Pfanne und vielleicht auch noch eine hohe, ofenbeständige Schmorpfanne mit Deckel. Und – beinahe hätte ich's vergessen – einen Dampfeinsatz für Gemüse, Knödel und zum sanften Garen von Fisch.

Kein Koch ohne sein Lieblingsmesser: Es gibt tausende Modelle. Doch die guten haben eines gemeinsam: geschmiedeten rostfreien Stahl, der bis ans Ende in den Griff hineinreicht. An den Seiten kann man gut erkennen, ob Klinge und Griff-Insert aus einem Stück sind. Tja und dann – wie so oft im Leben – kommt es doch auf die Größe an: Gemüsemesser haben eine kurze, spitze Klinge. Sie ist glatt und eignet sich besonders gut zum Putzen und Schneiden von Obst und Gemüse. Fleischmesser haben eine schmale, aber starre Klinge. Ich mag sie mit etwa 15 cm Länge. Da lassen sich Zwiebeln ebenso gut schneiden wie kleinere Fleischstücke, Schinken oder Speck. Kochmesser sind schwer und robust. Mit einer Klingenlänge von etwa 20 cm sind sie ideal zum Teilen großer Fleischstücke, zum Hacken von Kräutern und zum Grobschneiden von Gemüse. Lachs- oder Schinkenmesser haben eine flexible 30-cm-Klinge. Mit ihnen können Sie hausgebeizten Lachs und ganze Beinschinken hauchdünn aufschneiden. Ein Brotmesser zeichnet sich durch seinen Wellenschliff aus. So kommen Sie mit sanft sägenden Bewegungen gut durch die Kruste, ohne zu viel Druck ausüben zu müssen. Sie sind auch zum Aufschneiden von Strudeln, Kuchen oder Sulzen geeignet (noch einfacher geht das natürlich mit einem Elektromesser). Eine gute Ergänzung dazu wäre noch ein Filiermesser: Mit seiner zwischen 15 und 20 cm langen, spitzen und leicht elastischen Klinge können Sie Fische filetieren, Fleisch parieren (also von Fett und Sehnen befreien) und auch weiches Gemüse und Obst herrlich klein schneiden. Das ist mein absolutes Lieblingsmesser. Dazu ein guter Wetzstahl. Und schon ist die Messerlade eigentlich komplett.

Natürlich gibt es noch besonderes Besteck und kleine Küchenhelferlein, die das Kochen erleichtern: ein Spar- oder Spargelschäler. Ich mag ganz gern die Pendelschäler mit u-förmigem Griff – das ist aber Geschmackssache. Nur mit dem klassischen Sparschäler kann man hingegen sehr praktisch die Kerngehäuse von Äpfeln und Birnen ausstechen. Mit dem Zestenreißer raspeln Sie feine Streifen von den Schalen der Zitrusfrüchte ab. Einen Kugelausstecher brauchen Sie, wenn Sie große Perlen aus Melonen, Kartoffeln oder Zucchini schneiden wollen. Die sehen als Dekoration einfach wunderbar aus. Keks-Ausstecher sollten Sie ein paar zu Hause haben. Dann sehen Ihre Weihnachtskekserln nicht nur unterschiedlich aus – Sie können damit auch Ravioli oder schöne Dessertverzierungen aus Schokolade ausstechen.

Weiter brauchen Sie: Schneidbretter, Kochlöffel, Schöpfer in zwei Größen, einen Pfannenwender aus Kunststoff und zwei verschieden große Schneebesen. Eine Multifunktions-Reibe, eine Kartoffelpresse, eine Zitronenpresse, eine Knoblauchpresse, eine Salatschleuder, ein Teigrad, einen Pinsel. Und einige verschieden feine Siebe dürfen auch nicht fehlen. Ganz toll ist ein Spitzsieb: Es ist ein Mittelding aus Sieb und Trichter. Da können Sie während des Umgießens mit einem Stabmixer Saucen oder Suppen pürieren und passieren. Für die süße Küche ganz wichtig: verschiedene Backformen, ein Teigschaber (mein Liebling!), ein Dressiersack mit verschiedenen Tüllen, ein Nudelwalker und natürlich ein Schlagkessel mit rundem Boden; unentbehrlich, um Cremes über Wasserdampf aufzuschlagen. Und zum Abdecken, Verpacken und auch zum Garen sollten Sie immer Alufolie, Klarsichtfolie, Backpapier und Tiefkühlsackerln zu Hause haben. Und natürlich einige luftdicht verschließbare Gläser – zum Aufbewahren für die guten Gewürzmischungen, Fonds und Marinaden.

Lassen Sie sich helfen: Küchenmaschinen tun da ganze Arbeit! Mein Lieblingsgerät ist eindeutig der Blitzhacker. Mit ihm kann ich Farcen zubereiten, Pesto und Kräuteröle rühren, Kräuter fein hacken, Gewürzmischungen herstellen. Ebenso genial ist der Stabmixer: Mit ihm püriere ich direkt im Topf, mache Suppen und Saucen herrlich schaumig und extra leicht. Einen Handmixer hat fast jede Hausfrau daheim. Noch besser ist eine Universal-Küchenmaschine mit feststehendem Kessel. Mit dem Schneebesen schlagen Sie Cremes, mit dem Knethaken stellen Sie geschmeidige Teige her. Und außerdem können Sie damit ganz sicher und schnell Kren, Käse oder Nüsse reiben.

Und wenn Sie an meinen selbst gemachten Ravioli Geschmack gefunden haben, dann zahlt sich eine Nudelmaschine sicher aus. Zumindest die, die aus dem fertigen Teig dünne Teigplatten walzt. Für fleißige Eisesser empfehle ich überdies die Anschaffung einer Eismaschine – mit Akku-Einsätzen; die kosten nämlich gar nicht so viel und sind für den Hausgebrauch wirklich ausreichend.

Es gibt mehr als zwanzig verschiedene Zubereitungsarten. Die meisten sind Ihnen sicherlich vertraut. Auch wenn Sie nicht wissen, wie sie heißen. Aber ich habe bewusst darauf verzichtet, viele Fachausdrücke in die Rezepte zu verpacken. Was nützt es Ihnen, wenn ich Sie mit Blanchieren, Sautieren oder Pochieren konfrontiere? Gar nichts. Wichtig ist, dass Sie von mir erfahren, ob Sie die Zutaten in Flüssigkeit oder Fett, bei großer oder geringer Hitze, mit oder ohne Deckel in einer Pfanne oder in einem Topf erhitzen sollen.

Auch bei den Zutaten habe ich versucht, diese so einfach wie möglich zu halten: Das meiste werden Sie sogar im Supermarkt ums Eck bekommen. Und viele der nötigen Ingredienzien haben Sie ja auch schon zu Hause vorrätig. Dazu gehören natürlich auch meine Fonds, Gewürzmischungen und Marinaden. Mag die Herstellung der einen oder anderen Sauce vorab auch ein bisschen komplizierter erscheinen: Sie werden sehen, wie schnell und unvergleichlich besser Sie dann viele der Gerichte zubereiten werden. Und wie viel Freude Ihnen das Nachkochen machen wird.

Bei uns daheim sagt man »aus dem Kast'l kochen«. Das heißt, dass man mit den vorhandenen Ressourcen arbeitet, und zwar aus Speisekammer, Kühlschrank und Tiefkühler.

In der Speisekammer: Salz, schwarzer und weißer Pfeffer, Kristallzucker, Staubzucker, Mehl, Langkorn- und Risotto-Reis, verschiedene Pasta, Hülsenfrüchte, Nüsse oder Mandeln, Wacholderbeeren, Piment, Lorbeerblätter, Koriandersamen, diverse Trockengewürze (Rosmarin, Thymian, Oregano oder Majoran), Bouillonpulver (Fleisch, Gemüse, Fisch) für den Notfall, Kakaopulver, Milch- und Zartbitter-Schokolade, Tomatenmark, geschälte Tomaten in der Dose, Sojasauce, Sambal Oelek, getrockneter Chili, Senf, Ketchup, Kapern, Essiggurkerln, Marmelade, Honig, Olivenöl, Maiskeimöl, Weißweinessig, weißer und dunkler Balsamico-Essig, Haltbar-Milch und Haltbar-Obers. Dazu kommen noch Kartoffeln, Zwiebeln und Knoblauch. Vielleicht auch noch einige Obst- und Gemüsekonserven, zwei Dosen Thunfisch sowie getrocknete Pilze. Nicht vergessen: Wein, Portwein, Rum und trockener Wermut zum Kochen.

Und natürlich meine Gewürzmischungen, abgefüllt im luftdicht verschlossenen Glas!

Im Kühlschrank: Butter, Eier, Sauerrahm (der hält viel länger, als das Ablaufdatum sagt), Frischkäse, ein Stück Parmesan, Frühlingszwiebeln, etwas Salat (am besten gewaschen, trocken geschleudert und in Plastikbeutel verpackt – so hält er einige Tage), Tomaten, eine Salatgurke, ein Glas Sardellenringerl, ein paar Äpfel, Zitronen und gut lagerfähiges Gemüse.

Und natürlich meine Dressings, Dips, Pestos und Kräuteröle!

Im Tiefkühler: Ein Notvorrat Butter und (Toast-)Brot, Faschiertes, Garnelen, Shrimps, einige Fischfilets, einige Rindersteaks, zwei Schweinefilets, ein küchenfertiges Huhn, zwei Hühnerbrüste, verschiedene Gemüse. Ich habe auch immer etwas Carpaccio und gekochtes Kalbfleisch für Vitello tonnato auf Eis. Dann natürlich fertige Suppen und Fonds. Die gießen Sie in kleine Plastikbeutel, beschriften sie und frieren sie ein. Auch konzentrierte Saucen und Zitronensaft können Sie portionsweise einfrieren – am besten zuerst in Eiswürfelformen, dann gefroren herauslösen und gemeinsam in ein gut verschlossenes Sackerl geben. Probieren Sie es einfach aus. Sie werden erstaunt sein, was sich alles zum Einfrieren eignet. Wichtig: Achten Sie darauf, dass keine Luft an das Gefriergut kommt. Es könnte Gefrierbrand entstehen, also die Austrocknung der Oberfläche durch die minus 18 °C kalte Luft.

Mein Tipp dazu: Fleisch, Fisch und so weiter immer zuerst gründlich in Klarsichtfolie wickeln und erst dann in einen Gefrierbeutel packen. Auch Teige eignen sich hervorragend zum Einfrieren: Fertige Teige wie Frühlingsrollenteig, Strudel- oder Blätterteig und natürlich auch der selbst gemachte Nudelteig. Auch hier gilt: luftdicht verpacken. Ein besonderer Tipp für den unerwarteten Besuch: Blätterteig ausstechen, mit Obst und Marmelade bestreichen und gleich wieder einfrieren. Bei Bedarf dann direkt im heißen Rohr (auf Backpapier liegend) etwa zehn Minuten backen. Schneller geht's nicht!

So, jetzt sind Sie bereit, Ihre Lieben kulinarisch zu verwöhnen. Ich bin
mir sicher, Sie werden beim Nachkochen eine riesige Freude haben. Fangen Sie behutsam mit einigen Grundrezepten an: ein Geflügelfond, die eine oder andere Gewürzmischung, ein Kräuteröl. Sie werden sehen: Je mehr Sie ausprobieren, desto mehr wird Ihnen richtig gut gelingen.

Und je mehr Sie vorbereiten, desto weniger stress- und fehleranfällig werden Sie sein. Und vergessen Sie nie: »Kochen bedeutet eins sein mit der Natur.«

Wenn ich morgens aufstehe, freue ich mich auf meine Küche. Nicht, dass es wirklich lustig wäre, stundenlang bei großer Hitze und großem Stress hochkonzentriert zu arbeiten. Aber ich freue mich auf die Tatsache, dass zu uns Menschen kommen, die sich etwas Besonderes gönnen wollen. Die einen Abend Pause vom ewig gleichen Trott machen. Sich auf Essen, Wein und gute Gespräche freuen. Die einfach dem Alltag für einige Stunden ein Schnippchen schlagen und loslassen. Loslassen, um zu genießen und etwas Schönes zu erleben. Und ich freue mich, wenn mich meine Gäste in der Küche besuchen, mir Fragen nach den Gerichten stellen und uns bestätigen, dass wir ihren Erwartungen gerecht geworden sind. Das ist die schönste Bestätigung, die man bekommen kann. Und natürlich leer gegessene Teller.

Geflügelfond

1 küchenfertiges Huhn (ca. 1 kg)
1 Prise Salz
150–200 g ganze Möhren
150 g Knollensellerie
100 g Staudensellerie
100–120 g Porree
50 g Champignons
40 g frische Petersilie
5 g weiße Pfefferkörner
30 g Salz

Das Huhn in kochendem Salzwasser eine halbe Minute blanchieren. Möhren und beide Selleriesorten schälen und grob zerkleinern. Das Gemüse und die Pilze putzen und grob zerkleinern.

Gemüse, Huhn sowie die restlichen Zutaten in einen großen Topf geben und etwa 2,5 Liter Wasser zugießen, wobei alle Zutaten bedeckt sein sollten. Zum Kochen bringen, dann das Ganze zugedeckt bei geringer Hitze etwa 1 Stunde köcheln lassen. Den Herd ausschalten, den Topfdeckel abnehmen und den Geflügelfond auf der Kochstelle noch etwa 1 Stunde ziehen lassen. Anschließend den Fond durch ein feines Sieb abseihen.

Gemüsefond

2 Schalotten
1 Knoblauchzehe
$^1/_2$ Stange Porree
2–3 Tomaten
$^1/_2$ Kohlrabi
$^1/_2$ Fenchel
2 Staudensellerie
2 mittelgroße Möhren
Olivenöl zum Anbraten
Salz, Pfeffer
Zitronensaft

Die Schalotten und den Knoblauch schälen und würfeln. Tomaten, Porree, Kohlrabi, Fenchel, Staudensellerie und Möhren waschen, putzen und in kleine Würfel schneiden. Alles in einen Topf geben und in etwas heißem Olivenöl leicht anbraten. Mit 1,5 bis 2 Liter Wasser aufgießen, bis alles gut bedeckt ist. Mit Salz und Pfeffer leicht würzen. Das Ganze aufkochen und so lange köcheln lassen, bis das Gemüse weich ist; das dauert höchstens eine halbe Stunde.

Den Gemüsefond durch ein Sieb seihen und mit Salz, Pfeffer und Zitronensaft abschmecken.

TIPP: Sie können den Fond noch mit zwei bis drei Esslöffeln Gemüsegranulat anreichern.

Fischfond

400 g zerkleinerte Fischkarkassen
(Abschnitte von Seezunge, Steinbutt,
Zander, Forelle, Saibling)

200 g Möhren

120 g Porree (nur das Weiße)

1 kleine Tomate

120 g Knollensellerie

100 g Staudensellerie

50 g Champignons

500 ml trockener Weißwein

300 ml Noilly Prat
(trockener Wermut)

5 g weiße Pfefferkörner

5 g gerebelter Koriander

25–30 g Salz

5 g Wacholderbeeren

2 Lorbeerblätter

5 g frischer Thymian

5 g frischer Rosmarin

40 g frische Petersilie

Die Fischkarkassen zerkleinern, in eine Schüssel geben und mit fließendem kaltem Wasser so lange wässern, bis das Wasser ganz klar abläuft; dabei ab und zu umrühren.

Das Gemüse putzen, waschen und in kleine Würfel schneiden. Die Pilze säubern. Fischkarkassen, Gemüse, Pilze, Weißwein, Noilly Prat, die trockenen Gewürze und die frischen Kräuter in einen großen Topf geben. Mit etwa 2 Liter Wasser auffüllen; wobei alle Zutaten gut bedeckt sein sollten. Das Ganze zum Kochen bringen, dann bei schwacher Hitze im offenen Topf etwa 2 Stunden köcheln lassen. Den Herd ausschalten und den Fischfond auf der Kochstelle noch etwa 1 Stunde ziehen lassen. Den Fond durch ein feines Sieb abseihen.

TIPP: Sie können den Fischfond natürlich auch ohne Zugabe von Wein und Noilly Prat zubereiten, doch der Geschmack ist dann bei weitem nicht so »rund«. Um Fonds oder Brühen zu klären, das heißt trübende Partikel zu entfernen, lässt man zwei leicht verquirlte Eiweiße in die Brühe gleiten, rührt vorsichtig um und seiht den Fond nochmals durch ein feines Sieb ab. In dem gestockten Eiweiß haften die Trübstoffe.

Pfeffermischung

50 g rote Pfefferkörner
70 g weiße Pfefferkörner
30 g schwarze Pfefferkörner

Die Pfeffersorten jeweils separat in einer Pfanne ohne Fett kurz erhitzen, abkühlen lassen und jeweils gesondert im Blitzhacker grobkörnig zerkleinern. Anschließend die Pfefferkörner gründlich vermischen. Die Gewürzmischung in ein luftdicht verschließbares Glas füllen. Für eine schärfere Variante: 4 kleine, getrocknete und gemahlene Chilischoten unter die Pfeffermischung mengen.

Geflügelgewürz

15 g frische Thymianblättchen
20 g edelsüßes Paprikapulver
200 g weißer Pfeffer
5 g Cayennepfeffer
120 g Meersalz

Die Thymianblättchen bei 90 °C im Backofen trocknen, bis sie sich wie Papier anfühlen, dann im Blitzhacker fein hacken. Den Thymian mit den restlichen Gewürzen gründlich mischen. Die Gewürzmischung in ein luftdicht verschließbares Glas füllen.

Asiatisches Gewürz

20 g Limettenblätter
70 g Zitronengras
2 kleine rote Chilischoten
5 g Koriandersamen
4 Zweige Thaibasilikum
4 Zweige frischer Koriander
150 g feines Meersalz

Limettenblätter, Zitronengras und Chilischoten grob zerkleinern und mit den Koriandersamen ohne Fett in einer Pfanne leicht anrösten. Thaibasilikum und Koriander zerkleinern und hinzufügen. Das Ganze im Backofen bei 50 °C mindestens 1 Stunde trocknen lassen, dann im Blitzhacker zerkleinern. Die Mischung mit dem Meersalz vermengen. Die Gewürzmischung in ein luftdicht verschließbares Glas füllen.

Fischgewürz

50 g Petersilienblätter
45 g Dillspitzen
30 g Estragonblättchen
40 g Basilikumblätter
150 g feines Meersalz

Alle Kräuter klein schneiden und im Backofen bei 50 °C mindestens 1 Stunde trocknen lassen, dann im Blitzhacker fein hacken. Die Kräuter mit dem Meersalz gründlich mischen. Die Gewürzmischung in ein luftdicht verschließbares Glas füllen.

Rehgewürz

60 g schwarze Pfefferkörner

120 g Pimentkörner

60 g Wacholderbeeren

30 g Kümmelsamen

150 g Koriandersamen

Die Gewürze jeweils gesondert in einer Pfanne ohne Fett kurz erhitzen, abkühlen lassen und ebenfalls gesondert im Blitzhacker grobkörnig zerkleinern. Danach die Gewürze gründlich miteinander vermischen. Die Gewürzmischung in ein luftdicht verschließbares Glas füllen.

Mediterranes Gewürz

30 g Thymianblättchen

40 g Rosmarinblättchen

40 g Petersilienblättchen

20 g Oreganoblättchen

20 g Estragonblättchen

150 g feines Meersalz

Die frischen Kräuter bei 50 °C mindestens 1 Stunde trocknen lassen und im Blitzhacker mixen. Danach mit dem feinen Meersalz mischen. In ein luftdicht verschließbares Glas füllen.

Rindergewürz

1 TL Pimentkörner

1 TL Kümmelsamen

1 TL Koriandersamen

2 EL weiße Pfefferkörner

2 EL rote Pfefferkörner

2 EL schwarze Pfefferkörner

1 Gewürznelke

2 Lorbeerblätter

2 EL Salz

Pimentkörner, Kümmelsamen, Koriandersamen, weiße, rote und schwarze Pfefferkörner jeweils gesondert in einer Pfanne ohne Fett kurz erhitzen, abkühlen lassen und ebenfalls gesondert im Blitzhacker grobkörnig zerkleinern. Die Gewürznelke und die Lorbeerblätter jeweils im Mörser fein zerkleinern. Alle Gewürze mit dem Salz gründlich mischen. Die Gewürzmischung in ein luftdicht verschließbares Glas füllen.

Für einen weihnachtlichen Geschmack, können Sie noch 1 Teelöffel Zimt unter das Rindergewürz mischen.

TIPP: Es ist besonders wichtig, dass alle frischen Kräuter wirklich gut getrocknet sind, nur so halten sich die Gewürzmischungen mehrere Monate. Andernfalls droht Schimmel ...

Gewürzmischungen eignen sich – in hübsche Gläser gefüllt – besonders gut als Geschenke für liebe Menschen, die gerne kochen und essen.

Geflügelfarce

150 g Geflügelfleisch (ohne Haut),
z. B. Poulardenbrust
Salz, Pfeffer
100 ml Sahne
1 Ei
2 cl Noilly Prat
1-2 EL geschlagener Obers
(Schlagrahm)

Das Geflügelfleisch würfeln und zum Durchkühlen 30 Minuten in den Kühlschrank stellen. Mit Salz und Pfeffer würzen und im Mixer pürieren. Langsam die gut durchgekühlte Sahne und das Ei zugeben und zu einer sehr feinen Masse vermischen. Die fertige Farce 15 Minuten kühl stellen, durch ein feines Passiersieb streichen und mit dem Noilly Prat und einer Prise Salz abschmecken. Zum Schluss das geschlagene Obers unterheben.

Entensauce

1 kg zerkleinerte Entenabschnitte
(Entenkarkassen und Innereien)
Maiskeimöl zum Anbraten
Mirepoix (gewürfeltes Gemüse):
100 g Möhren
150 g Knollensellerie
100 g Staudensellerie
150 g Porree
2 weiße Zwiebeln
1 EL Tomatenmark
$^1/_2$ TL Pfefferkörner
$^1/_2$ TL Korianderkörner
5 Wacholderbeeren
5 Pimentkörner
$^1/_2$ TL Majoran
Salz
200 ml trockener Rotwein
300 ml roter Portwein
150 g Apfel, Birne, Quitte oder
Zwetschgen (oder gemischt)
200 g rohe mehlige Kartoffeln
Pfeffer aus der Mühle

Die Entenabschnitte in heißem Öl kräftig anbraten. In ein Sieb geben und das Fett gut abtropfen lassen.

Für die Mirepoix Möhren, beide Selleriesorten und Porree putzen, waschen und klein würfeln. Die Zwiebeln schälen und ebenfalls würfeln. Alles in einem großen Topf in etwas heißem Öl anbraten. Das Tomatenmark zugeben und unter Rühren kurz mitrösten (Vorsicht, es brennt leicht an).

Die Entenabschnitte zum Gemüse geben und die Gewürze samt einer kräftigen Prise Salz beimengen. Mit Rot- und Portwein ablöschen und mit 2,5 bis 3 Liter Wasser aufgießen, wobei alle Zutaten gut bedeckt sein sollten. Das Ganze zum Kochen bringen, dann bei geringer Hitze 2,5 Stunden köcheln lassen.

Das Obst klein schneiden. Die Kartoffeln schälen und auf einer feinen Gemüsereibe reiben. Obst und Kartoffeln etwa 30 Minuten vor Ende der Garzeit in die Sauce rühren.

Zum Schluss die Sauce zuerst durch ein grobes, anschließend durch ein feines Sieb passieren. Mit Salz und Pfeffer abschmecken.

Ist die Sauce zu dünn, kann man sie mit etwas Maisstärke andicken (Tipp Seite 35).

TIPP: Zu Weihnachten kann man statt des Obstes zwei Gewürznelken, ein Stückchen (etwa 1 cm) Zimtstange, einen Esslöffel fein zerkleinerten frischen Ingwer, den Saft von zwei Orangen, einen Esslöffel Honig und drei Esslöffel Sojasauce unterrühren.

Kalbssauce

1 kg zerkleinerte Kalbsparüren
(Abschnitte vom Zuputzen der
verschiedenen Kalbsteile: Schlegel,
Rücken, Hals, Waden und Haxerl)
Maiskeimöl zum Anbraten
200 ml trockener Rotwein
250 ml roter Portwein
200 g rohe mehlige Kartoffeln
Mirepoix (gewürfeltes Gemüse):
100 g Möhren
150 g Porree
150 g Knollensellerie
100 g Staudensellerie
2 weiße Zwiebeln
1 EL Tomatenmark
1 Zweig Rosmarin
1 Zweig Thymian
$^1/_2$ TL Pfefferkörner
$^1/_2$ TL Korianderkörner
Salz
Pfeffer aus der Mühle

Die Kalbsparüren in heißem Öl kräftig anbraten. In ein Sieb geben und das Fett gut abtropfen lassen.

Für die Mirepoix Möhren, Porree, beide Selleriesorten putzen, waschen und klein würfeln. Die Zwiebeln schälen und ebenfalls würfeln. Alles in einem großen Topf in etwas heißem Öl anbraten. Das Tomatenmark zugeben und unter Rühren kurz mitrösten (Vorsicht, es brennt leicht an).

Die Parüren zum Gemüse geben und die Gewürze samt einer kräftigen Prise Salz beimengen. Mit Rot- und Portwein ablöschen und mit 2,5 bis 3 Liter Wasser aufgießen, wobei alle Zutaten gut bedeckt sein sollten. Das Ganze zum Kochen bringen, dann bei geringer Hitze 2,5 Stunden köcheln lassen.

Die Kartoffeln auf einer feinen Gemüsereibe reiben und etwa 30 Minuten vor Ende der Garzeit in die Sauce rühren.

Zum Schluss die Sauce zuerst durch ein grobes, anschließend durch ein feines Sieb passieren. Mit Salz und Pfeffer abschmecken.

Mirepoix oder Röstgemüse nennt man übrigens fein gewürfeltes Wurzelgemüse, das mit Zwiebelwürfeln und verschiedenen Gewürzen angebraten wird und als würzende Zutat für Saucen (oder auch Fleischgerichte) dient. Erfinder dieser Saucenwürze ist der Herzog von Mirepoix (1699–1757).

TIPP: Falls die Kalbssauce zu dünn ist, kann man sie mit ein, zwei Esslöffeln Maisstärke binden. Dazu die Stärke mit etwas kaltem Wasser verrühren und in der Sauce mindestens 5 Minuten köcheln lassen, damit der typische Stärkegeschmack vergeht.

Rehsauce

1 kg zerkleinerte Rehparüren
(Abschnitte der verschiedenen
Rehfleischteile: Schlegel, Rücken,
Hals, Waden und Haxerl)
Maiskeimöl zum Anbraten
200 ml trockener Rotwein
300 ml roter Portwein
200 g rohe mehlige Kartoffeln
Mirepoix (gewürfeltes Gemüse):
200 g Möhren
50 g Porree
50 g Knollensellerie
50 g Staudensellerie
150 g Petersilienwurzeln
2 weiße Zwiebeln
1 EL Tomatenmark
2 EL Rehgewürz
(Rezept Seite 31)
Salz
Pfeffer aus der Mühle

Die Rehparüren in heißem Öl kräftig anbraten. In ein Sieb geben und das Fett gut abtropfen lassen.

Für die Mirepoix die Möhren, Porree, beide Selleriesorten und die Petersilienwurzeln putzen, waschen und klein würfeln. Die Zwiebeln schälen und ebenfalls würfeln. Alles in einem großen Topf in etwas heißem Öl anbraten. Das Tomatenmark zugeben und unter Rühren kurz mitrösten (Vorsicht, es brennt leicht an).

Die Parüren zum Gemüse geben und das Rehgewürz samt einer kräftigen Prise Salz beimengen. Mit Rot- und Portwein ablöschen und mit 2,5 bis 3 Liter Wasser aufgießen, wobei alle Zutaten gut bedeckt sein sollten. Das Ganze zum Kochen bringen, dann bei geringer Hitze 2,5 Stunden köcheln lassen.

Die Kartoffeln auf einer feinen Gemüsereibe reiben und etwa 30 Minuten vor Ende der Garzeit in die Sauce rühren.

Zum Schluss die Sauce zuerst durch ein grobes, anschließend durch ein feines Sieb passieren. Mit Salz und Pfeffer abschmecken.

Ist die Sauce zu dünn, kann man sie mit etwas Maisstärke andicken (Tipp Seite 35).

TIPP: Nach dem gleichen Rezept kann man auch eine Hirschsauce zubereiten – dann natürlich mit Hirschparüren.

Lammsauce

1 kg zerkleinerte Lammparüren
(Abschnitte der verschiedenen
Lammfleischteile: Schlegel,
Rücken, Hals, Waden und Haxerl)
Maiskeimöl zum Anbraten
250 ml trockener Rotwein
250 ml Portwein
200 g rohe mehlige Kartoffeln
Mirepoix (gewürfeltes Gemüse):
100 g Möhren
150 g Porree
150 g Knollensellerie
100 g Stangensellerie
50 g Petersilienwurzeln
2 weiße Zwiebeln
1 EL Tomatenmark
2 Zweige Rosmarin
2 Zweige Thymian
2 Knoblauchzehen
2 Lorbeerblätter
$^1/_2$ TL Koriandersamen
$^1/_2$ TL weiße Pfefferkörner
Salz
Pfeffer aus der Mühle

Die Lammparüren in heißem Öl kräftig anbraten. In ein Sieb geben und das Fett gut abtropfen lassen.

Für die Mirepoix die Möhren, Porree, beide Selleriesorten und die Petersilienwurzeln putzen, waschen und klein würfeln. Die Zwiebeln schälen und den Knoblauch ebenfalls würfeln. Alles in einem großen Topf in etwas heißem Öl anbraten. Das Tomatenmark zugeben und unter Rühren kurz mitrösten (Vorsicht, es brennt leicht an).

Die Parüren zum Gemüse geben und die Gewürze samt einer kräftigen Prise Salz beimengen. Mit Rot- und Portwein ablöschen und mit 2,5 bis 3 Litern Wasser aufgießen, wobei alle Zutaten gut bedeckt sein sollten. Das Ganze zum Kochen bringen, dann bei geringer Hitze 2,5 Stunden köcheln lassen.

Die Kartoffeln auf einer feinen Gemüsereibe reiben und etwa 30 Minuten vor Ende der Garzeit in die Sauce rühren.

Zum Schluss die Sauce zuerst durch ein grobes, anschließend durch ein feines Sieb passieren. Mit Salz und Pfeffer abschmecken.

Ist die Sauce zu dünn, kann man sie mit etwas Maisstärke andicken (Tipp Seite 35).

TIPP· Für eine pikantere Variante würzen Sie die Lammsauce zusätzlich mit zwei kleinen Chilischoten oder einem Teelöffel Sambal Oelek und mit bis zu einem Esslöffel fein zerkleinertem frischem Ingwer.

Tomatensauce

¹/₂ weiße Zwiebel

1 Knoblauchzehe

4–5 Fleischtomaten
(kleinwürfelig geschnitten)

¹/₂ rote Paprikaschote, entkernt

3 EL Olivenöl

2 EL Zucker

1 EL Tomatenmark

2 EL Sojasauce

1 Thymianzweig

1 kleiner Rosmarinzweig

5 Basilikumblätter

Meersalz

schwarzer Pfeffer aus der Mühle

Zwiebel, Knoblauch und Tomaten schälen und in kleine Würfel schneiden. Die Paprikaschote ebenfalls klein würfeln.

In einem Topf das Olivenöl erhitzen und darin den Zucker hellbraun karamellisieren. Das gewürfelte Gemüse unterrühren. Tomatenmark, Sojasauce, Thymian, Rosmarin und Basilikum zugeben und alles kurz schwenken. Mit Meersalz und Pfeffer würzen. Einen halben Liter kaltes Wasser zugießen. Das Ganze aufkochen lassen, dann bei verringerter Hitze sanft köcheln lassen, bis das Gemüse weich ist.

Die Sauce durch ein Sieb passieren und mit Salz, Pfeffer und eventuell Sojasauce abschmecken.

TIPP: Die Sauce schmeckt noch aromatischer, wenn Sie einen Teelöffel fein geschnittenen frischen Ingwer hinzufügen. Nach diesem Rezept können Sie auch eine köstliche klare Tomatensuppe zubereiten, wenn Sie statt des Wassers etwa 1,5 Liter selbst gemachten Gemüsefond (Rezept Seite 26) oder Instant-Gemüsebrühe verwenden (Vorsicht beim Würzen mit Salz und Pfeffer). Damit die Suppe klar bleibt, wird sie nur durch ein Sieb abgeseiht, also nicht passiert.

Parmesansauce

1 EL Dijon-Senf
1 TL Weißweinessig
250 ml Sauerrahm
3 EL geriebener Parmesan
1–2 Spritzer Zitronensaft
Salz, Pfeffer aus der Mühle

Alle Zutaten im Blitzhacker oder Mixer zu einer cremigen Sauce mixen und durch ein Sieb passieren.

Grillsauce

30 g Sambal Oelek
50 g Worcestershiresauce
400 g Ketchup
200 g Honig
Salz
geschroteter bunter Pfeffer
Tabasco

Sambal Oelek, Worcestershiresauce, Ketchup und Honig mischen. Mit Salz, Pfeffer und Tabasco abschmecken. Die Sauce in luftdicht verschließbare Gläser füllen. Hält gekühlt mehrere Monate.

Süßsaure Sauce

2 Tomaten
$1/2$ frische Ananas
250 g Tomatenketchup
100 g Zucker
50 ml Weißweinessig
1 EL Tomatenmark

Tomaten und Ananas schälen, in kleine Stücke schneiden und im Blitzhacker pürieren. Das Püree mit den restlichen Zutaten in einen Topf geben. Das Ganze zum Kochen bringen, dann bei verringerter Hitze 30 Minuten unter gelegentlichem Rühren köcheln lassen. Die Sauce abkühlen lassen und anschließend durch ein feines Sieb passieren.

Tipp: Die süßsaure Sauce ist ein verbesserter Ketchup, der ausgezeichnet zu gebratenem Geflügel und Fleisch oder zu Gemüse passt.

Petersilienöl

300 g Petersilie
300 ml Pflanzenöl

Die Blätter von gewaschener Petersilie abzupfen, trocken-tupfen und mit dem Öl im Mixer in 2-/3-Sekunden-Intervallen aufmixen. Das Öl durch ein feines Sieb passieren und in ein luftdicht verschließbares, dunkles Glas füllen.

Bärlauchöl

300 g Bärlauch
300 ml Pflanzenöl

Die Bärlauchblätter waschen, trockentupfen und mit Öl aufmixen. Danach durch ein feines Sieb passieren und in ein luftdicht verschließbares Glas füllen.

Basilikumöl

300 g Basilikum
300 ml Pflanzenöl

Die abgezupften Basilikumblätter waschen, trockentupfen und mit Öl aufmixen. Danach durch ein feines Sieb passieren und in ein luftdicht verschließbares Glas füllen.

Limetten-Pfeffer-Öl

100 ml Zitronensaft
100 ml Limettensaft
2 ganze Limettenschalen
(kleinwürfelig geschnitten)
20 g bunter Pfeffer
10 g Salz
1 Messerspitze Gemüsegranulat
250 ml kaltgepresstes Olivenöl

Alle Zutaten (außer Öl) gut verrühren (das Salz muss aufgelöst sein). Das Olivenöl zum Schluss langsam unterrühren. Hält in einem luftdicht verschlossenen Glas gut gekühlt mehrere Wochen.

Kernölmarinade

50 ml Weißweinessig
50 ml Rindssuppe
(Rezept Seite 71 oder Instant-Brühe)
1 TL Zucker
1–2 EL geröstete Kürbiskerne
100 ml Kürbiskernöl
Salz, Pfeffer aus der Mühle

Alle Zutaten – außer dem Öl – mit einem Schneebesen gut verrühren, bis sich das Salz und der Zucker vollkommen aufgelöst haben. Das Öl während des Rührens langsam einlaufen lassen, damit es sich gut bindet.

French Dressing

25 ml Himbeeressig
25 ml Aceto Balsamico
50 ml Sherry Dressing
1 TL Dijon-Senf
250 ml Obers (Schlagrahm)
1 TL zerkleinertes Basilikum
1 TL gehackte Petersilie
1 kleine Knoblauchzehe
(fein gehackt)
Salz, Pfeffer aus der Mühle

Alle Zutaten im Mixer mixen, danach etwa 2 Stunden ziehen lassen. Das Dressing durch ein Sieb passieren und mit Salz und Pfeffer abschmecken.

TIPP: Gekühlt hält sich das French Dressing etwa 2 Wochen. Möchten Sie ein geschmacklich leichteres Dressing, geben Sie etwas Hühnerfond dazu. Für die Aufbewahrung von Öl jeder Art unbedingt dunkle Gläser oder Behälter verwenden, weil durch Lichteinwirkung wertvolle Inhaltsstoffe des Öls beeinträchtigt oder gar zerstört werden.

Johannas Pasten

Olivenpaste

200 g grüne und schwarze
entkernte Oliven
200 ml kaltgepresstes Olivenöl

Die Zutaten im Mixer oder Blitzhacker zu einer cremigen Paste verarbeiten.

Bärlauchpaste

50 g Petersilie
100 g Bärlauch
250 g Sauerrahm

Petersilie und Bärlauch waschen und gut trockentupfen. Die Kräuter im Mixer oder Blitzhacker mit dem Sauerrahm zu einer cremigen Paste verarbeiten.

Kräuterpaste

100 g Rucola
100 g Basilikum
50 g Petersilie
200 ml Olivenöl

Rucola, Basilikum und Petersilie waschen, trockentupfen und grob zerkleinern, dann mit dem Olivenöl im Mixer fein pürieren. Die Kräuterpaste ist ideal zum Würzen von Pasta-Gerichten oder Salaten aller Art.

TIPP: Schmeckt auch mit allen anderen (auch gemischten) Kräutern und Mayonnaise!

Mayonnaise

Zutaten für einen halben Liter:

2 Eigelbe, zimmerwarm

1 TL Weißweinessig

1 TL Dijon-Senf

500 ml Maiskeimöl

Salz, Pfeffer aus der Mühle

Eigelbe, Weißweinessig und Senf in eine Schüssel geben und verrühren. Danach das Öl ganz langsam einfließen lassen und unter ständigem Rühren zu einer cremigen Mayonnaise aufschlagen. Am besten geht das mit einem Handmixer.
Mit Salz und Pfeffer abschmecken.

Pesto

50 g Basilikumblätter

50 g Petersilienblätter

2 EL Pinienkerne

1 Knoblauchzehe

200 g kaltgepresstes Olivenöl

50 g frisch geriebener Parmesan

1 Prise feines Meersalz

Alle Zutaten im Blitzhacker oder Mixer zu einer cremigen Sauce verarbeiten.

TIPP: Statt des Basilikums können Sie auch 50 Gramm Rosmarin oder Thymian verwenden. Die Kräuter müssen Sie aber erst in heißem Fett frittieren und auf Küchenpapier abtropfen lassen, bevor sie für die Pesto Zubereitung verwendet werden können.

Sauerrahm-Dip

200 g Sauerrahm
Saft von 1 Zitrone
2 TL fein gehackte frische Kräuter
(Petersilie, Basilikum, Dill, Kerbel)
$1/2$ TL Dijon-Senf
Salz, Pfeffer aus der Mühle

Alle Zutaten mit einem Schneebesen verrühren.

Sauerrahm-Knoblauch-Dip

200 g Sauerrahm
100 g Joghurt
2–3 sehr fein gehackte
Knoblauchzehen
20 g Schnittlauch (fein geschnitten)
Salz, Pfeffer aus der Mühle

Alle Zutaten mit einem Schneebesen verrühren.

Schnittlauch-Kren-Sauce

200 g Sauerrahm
100 g Joghurt
2 TL Kren (Meerrettich)
aus dem Glas
20 g Schnittlauch (fein geschnitten)
Salz, Pfeffer aus der Mühle

Alle Zutaten mit einem Schneebesen verrühren. Statt Kren – in Deutschland und in der Schweiz sagt man Meerrettich – aus dem Glas kann man auch frisch geriebene Krenwurzen (Meerrettichwurzeln) nehmen.

TIPP: Alle Saucen lassen sich wunderbar auf Vorrat zubereiten und halten gekühlt und fest verschlossen mindestens 14 Tage.

Cocktailsauce

100 g Mayonnaise
(Rezept Seite 49)
100 g Sauerrahm
3 EL Ketchup
1 EL Cognac
Saft von einer $^1/_2$ Zitrone
Salz, Pfeffer, Zucker

Alle Zutaten mit einem Schneebesen verrühren.

Kräutersauce für Fisch und Fleisch

200 g Thunfisch aus der Dose
3 Eigelbe
1 EL Dijon-Senf
1–2 EL Crème fraîche
1–2 EL Mayonnaise
Tabasco und Zitrone nach Geschmack
1 TL fein gehackte frische Kräuter
(Basilikum, Kerbel, Petersilie)
Salz, Pfeffer aus der Mühle

Den Thunfisch in einem Sieb gut abtropfen lassen. Thunfisch, Eigelbe, Senf, Crème fraîche und Mayonnaise im Blitzhacker oder Mixer zu einer cremigen Sauce verarbeiten. Die Sauce durch ein Sieb passieren. Mit Tabasco und Zitronensaft abschmecken. Zum Schluss die Kräuter unterheben.

Diese Sauce eignet sich besonders gut als Marinade für rohen Fisch und rohes Fleisch.

Wasabi-Creme

100 g Crème fraîche
100 g Sauerrahm
100 g Mayonnaise
50 ml Zitronen-
oder Limettensaft
25 g Wasabi-Paste
1 EL Sojasauce
Salz, Pfeffer aus der Mühle

Alle Zutaten mit einem Schneebesen zu einer glatten Creme verrühren.

Risotto-Grundrezept

120 ml trockener Weißwein

$^1\!/_2$ l Geflügelfond

(Rezept Seite 26)

2 Schalotten

2 EL Olivenöl

200 g Risottoreis

Salz

3 EL frisch geriebener Parmesan

30 g eiskalte Butterflocken

Den Weißwein und Geflügelfond jeweils separat erhitzen. Die Schalotten in kleine Würfel schneiden und in einem großen, flachen Topf in heißem Olivenöl glasig anbraten. Den Reis zugeben und 1 Minute durchrühren. Mit Salz würzen. Den Weißwein zugießen und unter Rühren einkochen lassen. Etwa ein Viertel des Geflügelfonds zugießen und ebenfalls unter Rühren einkochen lassen. Weiterrühren und dabei den restlichen Geflügelfond in drei etwa gleich großen Portionen hinzufügen und jedes Mal einkochen lassen. Der ganze Vorgang dauert etwas 15 Minuten, dann ist der Risotto gar, aber noch schön bissfest.

Zum Schluss den Parmesan und die Butterflocken unterziehen und den Risotto sofort servieren.

Klebreis

500 g Klebreis

1 TL Sushi-Essig

Den Reis gründlich waschen, um die Stärke auszuschwemmen und mit dem Essig in $^3\!/_4$ l kaltes Wasser geben. Zum Kochen bringen, dann den Reis bei sehr niedriger Hitze zugedeckt 15 bis 20 Minuten garen. Während des Garens den Deckel nicht aufheben!

TIPP: Am besten gelingt der Klebreis in einem Reiskocher, den man in Asia-Läden kaufen kann. Der Kocher ist sehr praktisch, weil er sich am Ende der Garzeit selbst ausschaltet und dann den Reis warm hält.

Nudelteig

4 Eigelbe

1 Ei

Salz

250 g doppeltgriffiges Mehl

1–2 EL kaltgepresstes Olivenöl

Eigelbe, Ei und Salz in einer Rührschüssel mit einem Schneebesen glatt rühren, das Mehl dazugeben und mit den Knethaken der Küchenmaschine oder von Hand zu einem glatten Teig kneten. Der Teig wird geschmeidiger, wenn man etwas Wasser oder Olivenöl dazugibt.

Den Teig in eine Klarsichtfolie einwickeln und 2 bis 3 Stunden ruhen lassen.

Dann den Teig in eine Nudelmaschine geben, dünn ausrollen und anschließend wie gewünscht mit runden Keksformen (für Ravioli) ausschneiden oder (für Bandnudeln) in Streifen schneiden.

TIPP: Die Eier sollten nicht direkt aus dem Kühlschrank kommen. Sind sie zimmerwarm, wird der Teig geschmeidiger.

Grießknödel

140 ml Milch
35 g Butter
65 g Weizengrieß
1 Ei
40 g Weißbrotwürfel
Salz, Pfeffer, Muskatnuss

Die Milch mit der Butter aufkochen. Den Grieß einrühren und unter Rühren 5 Minuten leicht köcheln lassen. Ein wenig abkühlen lassen, dann das Ei einrühren. Das Weißbrot untermengen und die Masse mit Salz, Pfeffer und Muskat kräftig würzen. 20 Minuten ruhen lassen. Mit feuchten Händen Knöderln formen und in siedendem Salzwasser 8 bis 10 Minuten garen.

Milzschnitten

200 g Rindermilz
2 Eigelbe
Salz, Pfeffer aus der Mühle
1 TL fein gehackte Petersilie
oder zerkleinerte Majoranblättchen
4 Toastbrotscheiben
Öl zum Braten

Die Rindermilz mit einem Plattiereisen (Fleischklopfer) klopfen, damit sie sich leichter schaben lässt, anschließend fein schaben. Die Milz mit den Eigelben, etwas Salz und Pfeffer sowie der Petersilie zu einer glatten Masse verrühren und damit die Toastscheiben beidseitig bestreichen. Das Brot in heißem Öl auf beiden Seiten kurz anbraten. Zum Servieren in Rauten schneiden.

Markknöderl

100 g Rindermark
2 Eier
100 g Semmelbrösel
1 EL gehackte Petersilie
1 TL Mehl
Salz, Pfeffer aus der Mühle

Das Mark im Wasserbad leicht erwärmen, dann durch ein Sieb passieren und mit den Eiern cremig aufschlagen. Semmelbrösel, Petersilie und Mehl dazugeben, salzen und pfeffern. Die Masse 20 Minuten quellen lassen, danach Knöderl formen und in gesalzenem Wasser 8 bis 10 Minuten leicht kochen.

TIPP: Falls die Knöderlmasse zu weich ist, arbeiten Sie mehr Semmelbrösel ein.

Backerbsen

100 g Butter
150 g Mehl
5 Eier
Öl zum Ausbacken

Die Butter mit 250 Milliliter Wasser aufkochen. Das Mehl löffelweise unter ständigem Rühren zugeben. Rühren, bis sich der Teig vom Rand löst. Auskühlen lassen.

Den Teig in eine Rührschüssel geben, die Eier nach und nach mit einem Handmixer untermengen. Das Öl in einem Topf erhitzen und den Teig mit einem Spätzlesieb eintropfen lassen und goldbraun backen. Für bunte Backerbsen etwas Lebensmittelfarbe in den Teig geben.

Grießnockerl

50 g weiche Butter
1 Ei
Salz, etwas geriebene Muskatnuss
100 g Grieß

Die Butter schaumig rühren. Ei, Salz, Muskatnuss und Grieß dazugeben; bei Bedarf 1 bis 2 Esslöffel Wasser einarbeiten. Etwa 15 Minuten ziehen lassen. Mit zwei nassen Teelöffeln Nockerl formen, auf ein nasses Brett legen, dann alle gleichzeitig in siedendem Salzwasser garen. Für kernige Nockerl etwa 10 Minuten kochen und 10 Minuten ziehen lassen. Ansonsten je 20 Minuten kochen.

Nockerl

125 g Topfen (Quark)
(gut ausgedrückt)
2 Eier
125 g Mehl (gesiebt)
1 Eigelb
Salz, Pfeffer, Muskatnuss
Butter zum Schwenken

Topfen, Eier und Eigelb in der Küchenmaschine gut verrühren und langsam das Mehl dazugeben. Mit Salz, Pfeffer und frisch geriebener Muskatnuss würzen und die Masse zu einem glatten Teig verarbeiten. Den Teig eine halbe Stunde ruhen lassen.

Den Teig durch einen Spätzlehobel in kochendes Salzwasser drücken. Die Nockerl sind gar, wenn sie an der Oberfläche schwimmen. Die Nockerl herausnehmen, kalt abschrecken und vor dem Anrichten in Butter schwenken.

TIPP: Wenn ich Kasnocken zubereite, verwende ich auch diesen Nockerlteig. Herrlich schmeckt es, wenn man frischen Schnittlauch dazu gibt.

Pizzateig

25 g Germ (Hefe)

500 g Weizenmehl glatt

1–2 EL Olivenöl

1 TL Salz

Mehl für die Arbeitsfläche

Öl zum Einfetten des

Backblechs

Tomatensauce

(Rezept Seite 38)

Die Germ (Hefe) in 250 Milliliter lauwarmem Wasser auflösen und mit dem Öl, Mehl und Salz zu einem glatten
Teig verarbeiten; bei Bedarf noch etwas lauwarmes Wasser hinzufügen. Den Teig zugedeckt an einem warmen
Ort etwa 30 Minuten ruhen lassen.

Den Pizzateig auf der bemehlten Arbeitsfläche in die
gewünschte Pizzabodengröße ausrollen, wobei der Teigrand etwas dicker sein sollte. Den Pizzaboden danach auf
ein leicht mit Öl gefettetes Backblech legen und mit
Tomatensauce bestreichen. Mit den gewünschten Zutaten belegen. Die Pizza bei 220 °C (Umluft) etwa 10 bis
15 Minuten backen (die Backdauer hängt vom Belag ab).

Tempurateig

125 g Mehl

125 g Maisstärke

2 Eigelbe

1 EL Sojasauce

250 ml Eiswasser

Alle Zutaten zügig zu einem glatten Teig vermischen.

TIPP: Wichtig beim Tempurateig ist, dass alle Zutaten beim Verarbeiten
kalt sind. Wenn Sie 50 Milliliter des Eiswassers durch Mineralwasser
ersetzen, dann geht der Teig beim Backen noch schöner auf.

Biskuitteig für Torten und Schnitten

6 Eier (zimmerwarm)

180 g Zucker

120 g gesiebtes Mehl

10 g zerlassene Butter

60 g Maisstärke

1 Prise Salz

1 Msp. Vanillezucker

Eine Rührschüssel mit heißem Wasser ausspülen. Die Eier mit dem Zucker in der warmen Schüssel sehr cremig aufschlagen, die Butter zugeben. Anschließend die restlichen Zutaten behutsam unterheben.

Den Backofen auf 170 °C (Umluft) vorheizen. Ein Backblech mit Backpapier auslegen und den Biskuitteig auf das Papier streichen oder aber – je nach Weiterverwendungszweck – in eine Form füllen.

Den Biskuit im vorgeheizten Ofen backen; bei einer Füllhöhe von 4 cm beträgt die Backzeit etwa 25 Minuten.

Den noch warmen Biskuit stürzen und sogleich das Backtrennpapier abziehen.

Dunkler Schoko-Haselnuss-Biskuit

50 g Zartbitterschokolade

125 g geröstete Haselnüsse (gemahlen)

100 g Staubzucker (Puderzucker)

50 ml Obers (Schlagrahm)

10 g Maisstärke

180 g Eiweiß

Die Schokolade im Wasserbad schmelzen. Die Schokomasse mit den Haselnüssen, der Hälfte des Staubzuckers, dem Obers und der Maisstärke zu einer cremigen Masse verrühren. Das Eiweiß mit dem restlichen Staubzucker zu cremigem Eischnee schlagen. Den Eischnee in 2, 3 Portionen langsam in die Haselnuss-Schoko-Masse einarbeiten.

Den Backofen auf 170 °C (Umluft) vorheizen. Ein Backblech mit Backpapier auslegen und den Biskuitteig auf das Papier streichen oder aber – je nach Weiterverwendungszweck – in eine Form füllen.

Den Biskuit im vorgeheizten Ofen backen; bei einer Füllhöhe von 4 cm beträgt die Backzeit etwa 25 Minuten.

Den noch warmen Biskuit stürzen und sogleich das Backtrennpapier abziehen.

Mürbteig

300 g gesiebtes Mehl

100 g Staubzucker (Puderzucker)

80 g geriebene Haselnüsse

1 Prise Zimt

1 Ei

200 g Butter

(in kleine Würfel geschnitten)

Mehl, Staubzucker, Haselnüsse und Zimt in eine Rührschüssel geben. Mit der Hand kurz mischen. Das Ei hinzufügen und mit den Butterwürfeln zu einem glatten Teig kneten. Den Teig in eine Folie wickeln und 20 Minuten ruhen lassen; erst dann weiterverarbeiten.

TIPP: Achten Sie darauf, dass alle Zutaten beim Verarbeiten möglichst kalt sind, nur so wird Mürbteigkuchen schön duftig und locker. Bei zu warmen Zutaten kann er ziemlich »pappig« werden.

Palatschinkenteig

100 g gesiebtes Mehl

500 ml Milch

7 Eier

Salz

Maiskeimöl

Das Mehl mit der Milch und einer Prise Salz glatt rühren, dann die Eier einarbeiten. Den Teig etwa 30 Minuten ruhen lassen. In wenig Maiskeimöl hauchdünne Palatschinken beidseitig ausbacken. Auskühlen lassen.

TIPP: Möchte man süße Palatschinken, gibt man statt Salz etwas Zucker und ein wenig Vanillemark (aus einer Vanilleschote ausgekratzt) dazu.

Hefeteig

500 g Mehl

1 EL Zucker

1 Würfel Hefe (42 g)

$3/8$ l Milch

3 Eier

120 g Butter

1 Prise Salz

Mehl in eine tiefe Schüssel häufen, Zucker mit zerbröselter Hefe und $1/8$ l lauwarmer Milch verquirlen. In eine Mulde in der Mitte gießen und mit etwas Mehl vom Rand zu einem Brei mischen. Zugedeckt an einem warmen Ort 30 Minuten gehen lassen, bis der Vorteig sich verdoppelt hat und Blasen zeigt.

Die restliche Milch mit den Eiern, Salz und der zerlassenen Butter verquirlen und in die Mehlschüssel rühren. So lange schlagen, bis der Teig glatt und seidig wirkt, Blasen wirft und sich gut vom Schüsselrand löst. Wieder an einem warmen Ort unter einem Tuch gehen lassen, bis die Menge sich verdoppelt hat.

Dann den Teig noch einmal kräftig auf der bemehlten Arbeitsfläche durchwalken und nach Rezept weiter verarbeiten.

TIPP: Wer Zeit hat, kann den Teig schon am Vortag ansetzen; dann braucht man keinen Vorteig, sondern verrührt alle Zutaten sofort zu einem geschmeidigen Teig und stellt ihn in einer Plastiktüte oder einem dicht verschlossenen und ausreichend großen Behälter bis zum nächsten Tag in den Kühlschrank.

Marinade für gebratenes Gemüse

1 Schalotte
1 kleines Stück frischer Ingwer
(daumennagelgroß)
1 Knoblauchzehe
1 TL weiße Pfefferkörner
50 ml weißer Aceto Balsamico
$^1/_4$ l Geflügelfond (Rezept Seite 26
oder Instant-Brühe)
1 Prise Zucker
Salz, Pfeffer aus der Mühle
Zitronensaft
6 EL Walnussöl
2 EL Olivenöl
5 EL Maiskeimöl

Schalotte, Knoblauch und Ingwer schälen und in sehr feine Würfel schneiden. Die Würfelchen in eine Schüssel geben. Pfefferkörner, Essig, Geflügelfond zugießen. Mit Zucker, Salz, Pfeffer und Zitronensaft würzen. Alles gut verrühren. Die Öle vermischen und langsam mit dem Schneebesen unterrühren.

Die Marinade 2 Stunden ziehen lassen, dann durch ein Sieb passieren. In Öl oder Butter gebratenes Gemüse auf Küchenpapier gut abtropfen lassen, bevor man die Marinade darübergießt (sonst wird's zu »ölig«).

Marinade für Blattsalate

30 ml weißer Aceto Balsamico
25 ml dunkler Aceto Balsamico
50 ml Rindssuppe (Rezept Seite 71
oder Instant-Brühe)
1–2 TL Zucker
Salz, Pfeffer aus der Mühle
120 ml kaltgepresstes Olivenöl

Alle Zutaten ohne das Olivenöl verrühren und erst dann das Öl nach und nach mit einem Schneebesen darunterschlagen.

Erst kurz vor dem Servieren über den Salat gießen.

TIPP: Nicht verwendete oder auf Vorrat zubereitete Marinaden in ein Twist-off-Glas füllen und im Kühlschrank aufbewahren. Vor Gebrauch das Glas kräftig schütteln!

Meine Kinder lieben es, gut zu essen. Gut heißt aber nicht luxuriös.

Alle in meiner Familie lieben Suppen – bis auf meinen Mann Dietmar: Die Simone mag klare Suppen mit herzhaften Einlagen, der Tobias hat's gern ein bisschen handfester. Fast jeden Tag schleicht er am Vormittag in die Küche und holt sich eine Schale Kartoffelsuppe – als zweites oder aber auch als erstes Frühstück. Der Johannes und der Didi sind Gemüsefreaks: Und deshalb müssen auch ihre Suppen auf Gemüsebasis sein – am liebsten leicht gebundene Cremesuppen.

Auch bei den Hauptspeisen gibt's Unterschiede: Die Simone mag am liebsten ein Schnitzerl oder Backhenderl – auf jeden Fall mit Haut unter der knusprigen Panier. Und dazu einen Gurkensalat ohne Rahm. Der Tobias lässt jedes Stück Fleisch für einen Beerenschmarren und ein Topfensoufflee stehen. Der Johannes liebt meine Blitzpizza und alles, was mit Grieß zu tun hat. Und ich selbst? Ich habe eigentlich keine absolute Lieblingsspeise. Ich ziehe ja auch nicht jeden Tag dasselbe Gewand an (na ja, bis auf meine weißen Dirndln für die Küche ...). Es kommt auf meine Stimmung an, was mir schmeckt. Das kann an einem heißen Sommertag ein einfacher Tomatensalat mit Olivenöl und einem Stück Frischkäse sein. An einem muffigen Herbsttag vielleicht ein Stückerl sanft gebratene Gänseleber. Aber das kennen Sie wahrscheinlich selbst auch. Hauptsache, es ist Liebe mit im Spiel. Beim Kochen genauso wie beim gemeinsamen Essen.

Rindssuppe

800 g Rindfleisch (Tafelspitz,
Schulterscherzel, Beinfleisch,
Hüfte, Markknochen)
1 Zwiebel
150 g Möhren
100 g Porree
150 g Knollensellerie
100 g Staudensellerie
40 g frische Petersilie
2 Lorbeerblätter
5 g schwarzer Pfeffer
5 g Koriander
30 g Salz

Tafelspitz mit Kernölvinaigrette:
Rindssuppe
Kernölmarinade (Rezept Seite 45)
2 EL Schnittlauchröllchen

Das Rindfleisch in 3 Liter kochendem gesalzenem Wasser 1 Minute blanchieren. Herausheben und in einen großen Topf geben. Die Zwiebel halbieren und die Schnittflächen in einer heißen Pfanne ohne Fett dunkelbraun anrösten, zum Fleisch geben.

Das Gemüse waschen, schälen bzw. putzen. Die Möhre ganz, den Porree und die zwei Selleriesorten grob zerkleinert zum Fleisch geben. Die Petersilie und die Gewürze hinzufügen. Etwa 3 Liter kaltes Wasser zugießen und zum Kochen bringen, die Hitze verringern und das Ganze 4 Stunden ohne Deckel langsam köcheln lassen. Anschließend 1 Stunde auf der noch heißen Platte ziehen lassen.

Die Suppe abseihen (zum Aufbewahren in luftdicht verschließbare Behälter geben; lässt sich auch gut einfrieren). Das Fleisch in kaltem Salzwasser aufbewahren.

Da mein Mann besonders gerne Mark in der Rindssuppe hat, gebe ich in den Suppenansatz einige Markknochen. Das Mark lässt sich nach dem Kochen ganz leicht aus den Knochen lösen. Am besten schmecken ihm die Markscheiben auf einem Stück geröstetem Schwarzbrot, mit Salz und Pfeffer gewürzt und mit Schnittlauch garniert.

Tafelspitz mit Kernölvinaigrette:
Die Rindssuppe mit Tafelspitz zubereiten. Das Gemüse aus der Suppe nehmen, sobald es bissfest gegart ist. Kalt abschrecken und in kleine Würfel schneiden. In eine Schüssel geben und abdecken. Den weich gegarten Tafelspitz aus der Suppe nehmen, kalt werden lassen, dann in dünne Scheiben schneiden und fächerförmig auf flachen Tellern anrichten. Die Gemüsewürfel und Schnittlauchröllchen mit der Kernölmarinade mischen und damit die Fleischscheiben überziehen.

TIPP: Falls Sie die Suppe besonders kräftig haben möchten, geben Sie ca. 300 Gramm Rindsfaschiertes (Rinderhackfleisch) in den Suppenansatz.

Gelierte Rindssuppe
mit Backerbsen

1 l Rindssuppe
(Rezept Seite 71)
10 Blatt Gelatine
(in kaltem Wasser eingeweicht)
Salz, Pfeffer aus der Mühle

Die Rindssuppe erwärmen, sehr kräftig mit Salz und Pfeffer abschmecken und abkühlen lassen. Etwa 100 Milliliter Rindssuppe erwärmen und die gut ausgedrückte Gelatine darin auflösen. Zur restlichen Suppe geben. Danach die Suppe kühl stellen, bis sie geliert ist. Das Gelee in Gläser füllen und servieren.

TIPP: Die Suppe kann ruhig ein wenig überwürzt sein, da die Gelatine etwas vom Geschmack wegnimmt. Mit einem Salatbouquet (dann richten Sie das Gelee besser in Suppentellern an) oder Backerbsen (Rezept Seite 57) serviert, ist diese Suppe an heißen Sommertagen der ideale Appetizer.

Eierschwammerlsuppe
mit Petersilknöderln

1 große mehlige Kartoffel
1 EL kleinwürfelig
geschnittene Zwiebel
1 TL klein gewürfelter Knoblauch
Öl zum Braten
1 Zweig Thymian, 1 Zweig Rosmarin
500 ml Rindssuppe
(Rezept Seite 71)
250 g Eierschwammerl
(Pfifferlinge, geputzt)
2 Hand voll gemischte Kräuter
(Petersilie, Kerbel, Dill)
100 ml Maiskeimöl
Salz, Pfeffer aus der Mühle

Petersilknöderl:

130 g kleinwürfelig geschnittenes,
trockenes Weißbrot (ohne Rinde)
60 g Butter
1 EL kleinwürfelig
geschnittene Zwiebel
60 ml zimmerwarme Milch
1 Ei
2 EL fein geschnittene,
frische Petersilie
Mehl (bei Bedarf)
Salz, Pfeffer aus der Mühle
Muskatnuss

Die Kartoffel schälen, klein schneiden und mit den Zwiebeln und dem Knoblauch in etwas Öl leicht anbraten. Thymian und Rosmarin hinzufügen und mit Rindssuppe aufgießen. Kurz aufkochen lassen, dann das Ganze bei verringerter Hitze etwa 20 Minuten köcheln lassen, bis die Kartoffeln weich sind.

In der Zwischenzeit die gemischten Kräuter mit dem Maiskeimöl im Mixer zu einem aromatischen Kräuteröl aufmixen. Mit Salz und Pfeffer würzen. Beiseite stellen.

Für die Knödel die Brotwürfel in eine Schüssel geben. Die Butter erhitzen und die Zwiebelwürfel darin glasig anbraten.

Die Milch mit dem Ei verrühren. Die Zwiebeln samt der Butter über die Brotwürfel geben. Die Milch-Ei-Mischung darübergießen und mit Salz, Pfeffer und frisch geriebener Muskatnuss abschmecken. Die Petersilie und bei Bedarf 1 Esslöffel Mehl untermengen.

Den Knöderlteig 10 Minuten ruhen lassen, dann kleine Knöderl formen und diese in siedendem, leicht gesalzenem Wasser 5 bis 10 Minuten (je nach Größe der Knödel) garen.

Die Suppe durch ein Passiersieb drücken und etwas Kräuteröl einrühren (Menge nach Belieben).

Die Eierschwammerl in heißem Öl kurz anrösten, salzen und pfeffern.

Die Suppe mit den Eierschwammerln in tiefen Tellern anrichten und die Knödel einlegen.

TIPP: Etwas Sauerrahm und Crème fraîche glatt rühren und über die Suppe ziehen. Nach Belieben auch noch mit frischen Kräutern bestreuen. Falls Kräuteröl übrig bleibt, dieses gut verschlossen im Kühlschrank aufbewahren. So hält es mindestens 14 Tage.

Gelierte Tomatensuppe

10 Tomaten

$^1/_2$ Zwiebel

1 rote Paprikaschote

4 EL Zucker

2 Knoblauchzehen

2 EL Tomatenmark

1, 5 l Gemüsefond

(Rezept Seite 26 oder

Instant-Brühe)

4 EL Sojasauce

1 Zweig Thymian

1 Zweig Rosmarin

1 Zweig Basilikum

1 Zweig Oregano

1 daumengroßes Stück

frischer Ingwer

10 Blatt Gelatine (in kaltem

Wasser eingeweicht)

Salz, Pfeffer aus der Mühle

Die Tomaten in kleine Würfel schneiden. Die Zwiebel schälen und fein zerkleinern. Die Paprikaschote entkernen und zerkleinern.

Den Zucker in einem Topf unter ständigem Rühren bei mittlerer Hitze hellbraun karamellisieren. Das zerkleinerte Gemüse, Knoblauch und Tomatenmark einrühren und mit dem Gemüsefond aufgießen. Die Sojasauce, die Kräuter und den Ingwer zugeben und die Suppe etwa 30 Minuten köcheln lassen. Anschließend durch ein Sieb passieren. Die Gelatine ausdrücken und in der Suppe auflösen.

Mit Salz und Pfeffer abschmecken und in Teller oder Schalen füllen; mindestens 2 Stunden kalt stellen.

TIPP: Die Suppe schmeckt auch heiß wunderbar, dann müssen Sie aber die Gelatine weglassen. Als Einlage passen sowohl in die heiße als auch in die kalte Suppe gebratene Shrimps oder Muscheln.
Dazu schmeckt frisches Weißbrot.

Rote-Rüben-Suppe

3 Rote Rüben (Rote Beete)
1 Lorbeerblatt
1 TL Kümmelsamen
2 Gewürznelken
$1/2$ TL gehackter frischer Ingwer
250 ml Obers (Schlagrahm)
Salz, Zucker nach Geschmack

Die Roten Rüben schälen und klein schneiden. Mit den Gewürzen in 1,5 Liter kochendem Wasser garen, dann pürieren, durch ein Sieb passieren und zusammen mit Obers auf die gewünschte Konsistenz einkochen.

Mit Salz und etwas Zucker abschmecken.

Tomatensuppe

$1/2$ weiße Zwiebel
1 Knoblauchzehe
2 EL Olivenöl
$1/2$ rote Paprika
5 Fleischtomaten
1 EL Tomatenmark
Sojasauce
Zucker
Pfeffer aus der Mühle
Thymian, Rosmarin, Basilikum
(nach Belieben)
1–1,5 l Geflügelfond
(Rezept Seite 26 oder Instant-Brühe)
Salz

Die Zwiebelhälfte und den Knoblauch schälen, fein würfeln und in heißem Olivenöl farblos andünsten. Die halbe Paprikaschote entkernen, würfeln und hinzufügen. Die Fleischtomaten grob zerkleinern und mit dem Tomatenmark, 2 Esslöffeln Sojasauce, 1 Esslöffel Zucker und 1 kräftigen Prise Pfeffer zugeben. Kräuter nach Belieben unterheben. Mit dem Geflügelfond aufgießen, kurz aufkochen lassen, dann das Ganze bei verringerter Hitze etwa 30 Minuten köcheln lassen, bis Tomaten und Paprika ganz weich sind.

Die Suppe durch ein Sieb passieren und mit Sojasauce, Zucker, Pfeffer sowie Salz abschmecken.

TIPP: Herrlich schmeckt die Tomatensuppe auch, wenn man sie im Sommer eiskalt serviert. Wenn Sie nach der Zugabe des Geflügelfonds die Flüssigkeit auf 200 Milliliter einkochen lassen, erhalten Sie eine wunderbare Tomatensauce, die bestens zu jedem Pasta- und Geflügelgericht, aber auch zu gegrilltem Fisch passt.

Klare Rehsuppe
mit Grießnockerln

1 kg Rehfleisch vom Hals oder der
Brust (faschiert, d. h. zu
Hackfleisch verarbeitet)
2 EL Rehgewürz (Rezept Seite 31)
1 Möhre
$^1/_2$ Knollensellerie
$^1/_2$ Staudensellerie
1 Zwiebel
3 Eiweiße
125 ml Madeira
125 ml weißer Portwein
Salz, Pfeffer aus der Mühle

Das Rehfaschierte (Rehhackfleisch) mit dem Rehgewürz würzen und in einen großen Topf geben. Die Möhre und den Knollensellerie schälen und klein schneiden. Den Staudensellerie ebenfalls zerkleinern. Die Zwiebel ungeschält halbieren und die Schnittflächen in einer Pfanne ohne Fett bräunen. Das klein geschnittene Gemüse und die Zwiebel zum Rehfleisch geben. Das Eiweiß, Madeira und Portwein hinzufügen und das Ganze gut vermischen.

Mit 3 Litern kaltem Wasser auffüllen und unter gelegentlichem Rühren langsam aufkochen lassen, dann gute 2 Stunden im offenen Topf sanft köcheln lassen. Die Suppe durch ein Sieb abseihen.

Die Suppe mit Salz und Pfeffer abschmecken. Sehr heiß servieren.

TIPP: Die Rehsuppe mit Grießnockerln und einer hauchdünnen Scheibe Rehfilet (die in der angerichteten heißen Suppe gart), sowie klein geschnittenem Schnittlauch servieren.

Cremesuppe vom Knollensellerie
mit winterlichem Backgemüse

Cremesuppe:

2 große Knollensellerie

50 g weiße Zwiebelwürfelchen

60 g Butter

100 ml trockener Weißwein

100 ml weißer Portwein

(oder trockener Vermouth)

$^{3}/_{4}$ l Geflügelfond

(Rezept Seite 26 oder Instant-Brühe)

250 ml Obers (Schlagrahm)

Salz, Pfeffer, Zitronensaft

Tempurateig:

(Rezept Seite 59)

Den fertigen Temurateig mit den
Kräutern vermischen.

Backgemüse:

Je 100–120 g Möhren, Knollensellerie, Fisolen (Grüne Bohnen),
Karfiol (Blumenkohl)

Öl zum Ausbacken

Sellerie und Zwiebelwürfel in heißer Butter farblos anbraten. Mit Weiß- und Portwein ablöschen. Geflügelfond und Obers aufgießen. Mit Salz und Pfeffer würzen. Das Ganze etwa 20 Minuten leicht köcheln lassen, bis der Sellerie weich ist. Anschließend die Suppe im Mixer pürieren und durch ein feines Sieb passieren. Nochmals aufkochen und mit Salz, Pfeffer und Zitrone abschmecken.

Möhren und Knollensellerie in Stifte, die Fisolen (Grünen Bohnen) in kurze Stücke schneiden, den Karfiol (Blumenkohl) in Röschen zerteilen. Das Gemüse durch den Tempurateig ziehen, abtropfen lassen und in reichlich sehr heißem Öl ausbacken. Auf Küchenpapier abtropfen lassen.

Das Backgemüse zur Suppe servieren.

Natürlich servieren wir Gänseleber und Hummer. Und ich liebe den Geschmack. Aber gut schmeckendes Essen »lebt« nicht nur von teuren, exklusiven Zutaten, sondern vor allem von liebevoll ausgewählten, harmonisch kombinierten und vor allem frischen. Und frisch bedeutet nicht, dass Sie am selben Tag alle Zutaten für Ihr Menü kaufen müssen. Es kann auch bedeuten, ein schönes Stück Fleisch oder Fisch küchenfertig herzurichten und, gut in Frischhaltefolie verpackt, einzufrieren. Oder Sie machen aus frischen Kräutern ein aromatisches Kräuteröl. Da bleibt der Geschmack wenigstens im Öl und kann sich durch den fehlenden Sauerstoff nicht verflüchtigen. Auch Saison-Gemüse können Sie putzen, kurz in kochendem Wasser knackig garen, trockentupfen und in Gefrierbeuteln einfrieren. Dann bekommen Sie auch im Winter eine ordentliche Portion Vitamine und den Duft des Sommers auf den Teller.

Eine Lieblingsspeise zeichnet sich nicht durch teure Zutaten aus. Ich kenne niemanden, der mindestens dreimal in der Woche Kaviar oder Trüffeln haben will. Ein knuspriges Stückerl Schwarzbrot mit Bauernbutter und Salz kann man jeden Tag lieben. Oder einen Teller dampfender Nudeln. Hauptsache, die Qualität stimmt. Und natürlich muss alles mit Liebe gemacht sein …

Sulzerl vom Rind

500 g weich gekochtes Rindfleisch
(Tafelspitz, Schulterscherzel,
mageres Meisel)
1 l kräftige Rindssuppe
(Rezept Seite 71)
Salz, Pfeffer aus der Mühle
10 cl weißer Aceto Balsamico
2 EL Sojasauce
14 Blätter Gelatine (in kaltem
Wasser eingeweicht)
$^1/_2$ Bund Schnittlauch
Kernölmarinade
(Rezept Seite 45)

Das Fleisch in feine Streifen schneiden. Beiseite legen.

Die Rindssuppe erhitzen und mit Salz, Pfeffer, Aceto Balsamico und Sojasauce kräftig abschmecken. Die Gelatine ausdrücken und in der Suppe auflösen. Eine Terrinenform mit der gelierenden Suppe ausgießen. Kurz kalt stellen, bis die Randschicht geliert und sich in der Form eine 3 mm dicke Geleeschicht gebildet hat. Die restliche Suppe wieder ausgießen.

Den Schnittlauch in feine Röllchen schneiden und damit die gelierte Schicht auf dem Boden der Form bestreuen. Die Rindfleischstreifen in die Form schichten. Die Form mit der restlichen Suppe so weit auffüllen, dass die Flüssigkeit etwa 5 mm über dem Fleisch steht. Das Sulzerl zum Durchkühlen mehrere Stunden in den Kühlschrank stellen.

Vor dem Servieren eine Platte auf die Form legen, das Ganze umdrehen und warmes Wasser darüberlaufen lassen, dann die Form vorsichtig abheben. Das Sulzerl (die Sülze) in Scheiben schneiden; ein glatter Schnitt gelingt am besten mit einem scharfen Messer, das man in heißes Wasser taucht. Mit Kernölmarinade servieren. Gut dazu passen außerdem frische Kräuter und knackige Salate.

TIPP: Als schnellere Variante gekochtes Rindfleisch in Würfel schneiden, mit Schnittlauch und kleinwürfelig geschnittenem und weich gekochtem Suppengemüse vermengen und mit dem Gelee in eine Terrinenform oder als Tellersülze in Suppenteller füllen.

Pikanter Rindsbraten
mit Cognac-Schalotten-Jus und herbstlichem Gemüse

1 kg Beiried (Roastbeef)

Salz

5 EL Olivenöl

50 g Rindergewürz (Rezept Seite 31)

1 Hand voll fein gehackter Kräuter
(Petersilie, Liebstöckel, Rosmarin,
Thymian, Estragon)

Butter

Sauce:

8 Schalotten (klein geschnitten)

250 ml Rindssuppe
(Rezept Seite 71)

250 ml trockener Rotwein

100 ml Cognac

50 g eiskalte Butterwürfel

Salz, Pfeffer aus der Mühle

Gemüse:

500 g gemischtes Gemüse (breite
Fisolen/Grüne Bohnen, Tomaten,
Kürbis, Pilze, Schalotten –
alles klein geschnitten)

1 EL Olivenöl

1 Zweig Rosmarin

1 Zweig Thymian

Salz, Pfeffer aus der Mühle

1 EL fein gehackte Petersilie

1 EL fein gehacktes Basilikum

Das Fleisch salzen und mit Olivenöl einreiben. Das Rindergewürz und die Kräuter auf einen großen Teller streuen und das Fleisch darin wenden. Das Gewürz samt Kräutern mit den Fingern fest in das Fleisch drücken. Die Butter in einem ofenfesten Topf erhitzen und darin das Fleisch rundum anbraten. Den Topf nicht reinigen, sondern nur kurz beiseite stellen! Den Backofen auf 90 °C (Umluft) vorheizen.

Ein Bratenthermometer in das Fleisch stechen. Das Fleisch auf ein Gitter legen und im vorgeheizten Ofen etwa 2 Stunden garen; es sollte innen noch schön rosa sein (Kerntemperatur 55 bis 60 °C). Das Fleisch vor dem Aufschneiden 10 Minuten ruhen lassen.

Für die Sauce die Schalotten in dem Topf, in dem das Fleisch angebraten wurde, 2 Minuten farblos anschwitzen. Mit Rindssuppe, Rotwein und Cognac aufgießen und das Ganze zu einer dickflüssigen Sauce einkochen lassen. Die Sauce passieren und die Butterwürfel mit einem Schneebesen unterrühren. Dadurch wird sie leicht gebunden und bekommt eine cremige Konsistenz. Mit Salz und Pfeffer abschmecken.

Das Gemüse in heißem Olivenöl mit dem Rosmarin und Thymian bissfest schmoren. Mit Salz und Pfeffer würzen. Petersilie und Basilikum unterheben.

Zum Servieren das Fleisch in Scheiben schneiden und mit dem Gemüse und der Sauce anrichten.

Wiener Backfleisch
mit Kernölmarinade

500 g gekochtes, kaltes Rindfleisch

Salz, Pfeffer aus der Mühle

Dijon-Senf

2 Eier

150 g Mehl

150 g Semmelbrösel

Olivenöl

150 g Vogerlsalat (Feldsalat)

Kernölmarinade (Rezept Seite 45)

Das Rindfleisch in dünne Scheiben schneiden, salzen, pfeffern und mit Dijon-Senf bestreichen.

Die Eier verquirlen und leicht salzen. Zum Panieren die Fleischscheiben zuerst in Mehl wälzen, dann durch die Eimasse ziehen und anschließend beidseitig in die Semmelbrösel drücken.

Reichlich Öl in einer tiefen Pfanne erhitzen und darin die Fleischscheiben auf jeder Seite 2 Minuten goldbraun braten. Herausnehmen und auf Küchenpapier abtropfen lassen.

Zum Servieren den Vogerlsalat mit etwas Kernölmarinade mischen und in kleine Schüsseln oder auf tiefe Teller geben. Das Backfleisch obenauf setzen.

TIPP: Als Vorspeise können Sie einfach das Backfleisch (dann nur 200 Gramm) in kleine Würfel schneiden und über den Vogerlsalat (200 Gramm) streuen. In die Marinade passt auch ein Hauch von gepresstem Knoblauch. Gut dazu schmecken dünne, getoastete Schwarzbrotscheiben.

Mit Tomaten geschmorter Ochsenschlepp

1,5 kg Ochsenschlepp
(Ochsenschwanz)
Salz, Pfeffer aus der Mühle
Öl zum Braten

Schmormarinade:

1 EL gehackter frischer Ingwer
3 EL klein gehackte Ananas
2 EL Zucker
2 EL Tomatenmark
250 g Tomaten aus der Dose
2 EL Worcestershiresauce
3 EL Rindergewürz
(Rezept Seite 31)

Den Backofen auf 180 °C (Umluft) vorheizen.

Die Schwanzstücke rundum salzen, pfeffern und in einem ofenfesten Topf in heißem Öl rundum goldbraun anbraten.

Inzwischen für die Schmormarinade alle Zutaten mit 250 Milliliter Wasser zu einer dünnflüssigen Paste mixen.

Die Marinade über den Ochsenschlepp gießen. Den Topf zudecken und auf den Rost des Backofens stellen (so brennt nichts an). Das Ganze etwa 3 Stunden im vorgeheizten Ofen schmoren, bis das Fleisch so weich ist, dass es sich später ganz leicht von den Knochen lösen lässt.

Den Ochsenschlepp aus der Sauce heben und warm stellen. Die Sauce durch ein Sieb passieren (bei Bedarf vorher entfetten).

Dazu passt Kartoffelpüree (Rezept Seite 184). Verteilen Sie das Püree auf die Teller, setzen Sie den Ochsenschlepp darauf, und übergießen Sie beides mit der Schmormarinaden-Sauce. Nach Belieben mit marinierten frischen Kräutern garnieren.

TIPP: Vom übrig gebliebenen Ochsenschlepp können Sie das magere Fleisch in kleine Würfel schneiden und als Einlage für eine selbst gemachte Rindssuppe (Rezept Seite 71) verwenden.

Gekochtes Kalbfleisch

800 g Kalbfleisch (Schulter, Hals,
ausgelöstes Karree/Kotelettfleisch)
100 g Möhren
$^1/_2$ Knollensellerie
50 g Saubohnen
100 g Karfiolröschen
(Blumenkohlröschen)
100 g Champignons
200 ml Obers (Schlagrahm)
2 EL Maisstärke
1 EL gehackte Petersilie
1 EL gehackter Kerbel
1 Zweig Thymian
1 Zweig Rosmarin
Salz, Pfeffer aus der Mühle
klein gehackte frische Kräuter

Das Kalbfleisch in 3 bis 4 cm große Würfel schneiden. Möhren und Sellerie schälen, in kleine Würfel schneiden und mit den Fleischwürfeln in einen Topf mit 2 Liter kaltem Wasser geben. Zum Kochen bringen, die Hitze verringern und das Ganze etwa 45 Minuten garen, bis das Fleisch weich ist.

Das Fleisch aus der Brühe nehmen und beiseite stellen. Die Brühe durch ein Sieb in einen sauberen Topf passieren. Die Saubohnen, Karfiolröschen (Blumenkohlröschen), Champignons hinzufügen und etwa 5 Minuten bissfest garen. Das Obers einrühren. Die Maisstärke mit wenig kaltem Wasser anrühren und in die Sauce rühren, um sie zu binden. Das Fleisch in die Sauce legen und durchwärmen lassen. Mit Salz und Pfeffer abschmecken.

Das Fleisch mit der Sauce auf Tellern anrichten und mit frischen Kräutern bestreuen.

TIPP: Dazu passen wunderbar meine Nockerl (Rezept Seite 57).

Kalbsbraten

1 kg Kalbsbraten
(Nuss oder Schulter)
Salz, Pfeffer aus der Mühle
2 Zwiebeln
2 Knoblauchzehen
2 Möhren
$^1/_4$ Knollensellerie
2 Staudensellerie
2 EL Sonnenblumenöl
1 EL Tomatenmark
500 ml trockener Rotwein
1 Zweig Thymian
1 Zweig Rosmarin
2 Lorbeerblätter

Das Fleisch trockentupfen und rundum mit Salz und Pfeffer einreiben. Zwiebeln, Knoblauchzehen, Möhren, Knollensellerie schälen, den Staudensellerie putzen und alles in kleine Würfel schneiden. Den Backofen auf 160 °C (Umluft) vorheizen.

In einem ofenfesten Topf das Öl stark erhitzen und das Fleisch darin rundum scharf anbraten, damit sich die Poren schließen. Herausheben (ohne dabei ins Fleisch zu stechen) und im selben Topf das gewürfelte Gemüse anrösten. Das Tomatenmark zugeben und unter Rühren kurz mitrösten. Mit Rotwein ablöschen und 2,5 Liter Wasser zugießen. Das Fleisch einlegen; es sollte auf dem Gemüse liegen. Thymian, Rosmarin und Lorbeerblätter zugeben. Den Topfdeckel aufsetzen und den Braten im vorgeheizten Ofen etwa 2 Stunden schmoren lassen.

Das Fleisch aus der Sauce heben, in Alufolie einwickeln und bei 60 °C im Backofen warm halten. Die Sauce durch ein Sieb passieren und unter Rühren einkochen lassen, bis eine sämige Konsistenz erreicht ist. Mit Salz und Pfeffer abschmecken.

Den Kalbsbraten in dünne Scheiben schneiden, auf Tellern oder einer Servierplatte anrichten und die Sauce dazu reichen.

TIPP: Garen bei Niedertemperatur: Das Fleisch rundum würzen und scharf anbraten. Den Backofen auf knapp 80 °C vorheizen. Das Fleisch auf den Gitterrost setzen (die Fettpfanne darunter schieben) und 10 Stunden braten. Dazu gibt's hausgemachte Kalbssauce (Rezept Seite 35).

Vitello tonnato

500 g Kalbsfilet
(oder Schweinefilet,
Schweine- oder Kalbsrücken)
Salz, Pfeffer
1 Zweig Thymian
1 Zweig Rosmarin

Sauce:

50 g Thunfisch
(in Wasser eingelegt)
1 Sardellenringerl
5 Kapernbeeren
4 EL Mayonnaise
1 EL Crème fraîche
1 Essiggurke

Garnierung:

Zitronenscheiben
Kapern
Basilikumblätter

Das Kalbsfilet leicht salzen und pfeffern, dann mit dem Thymian und Rosmarin zuerst fest in Klarsichtfolie, anschließend in Alufolie einwickeln. Das Fleisch in einen Topf mit kochendem Wasser legen. Den Topf zudecken, von der Herdplatte schieben und das Fleisch 15 bis 20 Minuten ziehen lassen.

Das Fleisch aus den Folien wickeln, auskühlen lassen, in hauchdünne Scheiben schneiden und fächerförmig auf die Teller legen.

Für die Sauce alle Zutaten mit etwas Salz und Pfeffer im Mixer pürieren, dann durch ein feines Sieb passieren. Die Sauce auf dem Fleisch verteilen und das Ganze nach Belieben mit Zitronenscheiben, Kapern, frischem Basilikum und einigen Tropfen Olivenöl garnieren.

TIPP: Besonders gut lässt sich der Vitello tonnato schneiden, wenn man ihn in der Folie im Gefrierfach oder Tiefkühlgerät anfrieren lässt. Man kann das Fleisch für diese klassische Vorspeise auch ausgezeichnet auf Vorrat zubereiten und einfach in der Folie einfrieren. Verwenden Sie Schweine- oder Kalbsrücken, so erhöht sich die Garzeit auf 35 Minuten.

Wiener Schnitzel

600 g Kalbsschnitzel (Kaiserteil,
Oberschale, Frikandeau)
6 Scheiben trockenes Toastbrot
(ca. 150 g, oder Semmelbrösel)
3 Eier (verquirlt)
150 g Mehl
Salz, Pfeffer aus der Mühle
Öl oder Butterschmalz zum
Ausbacken

Die Schnitzel zwischen zwei Lagen Klarsichtfolie flach drücken (auf 7 bis 10 mm Dicke) und trockentupfen. Das Toastbrot entrinden und im Blitzhacker fein bröselig zerkleinern.

Die Schnitzel mit Salz und Pfeffer würzen. Zum Panieren jedes Schnitzel beidseitig in Mehl wenden, dann durch die verquirlten Eier ziehen, anschließend in den Bröseln wälzen und diese leicht andrücken. Überschüssige Brösel leicht abschütteln.

In einer großen Pfanne reichlich Öl oder Butterschmalz erhitzen und darin die Schnitzel schwimmend auf jeder Seite etwa 3 bis 5 Minuten goldbraun und knusprig ausbacken. Auf Küchenpapier abtropfen lassen.

Dazu passen ausgezeichnet Kartoffel-, Gurken oder Häuptelsalat (Kopfsalat) und/oder Petersilienkartoffeln.

TIPP: Besonders gut wird die Panade, wenn man die Eier mit 2 Esslöffeln leicht geschlagenem Obers (Schlagrahm) vermengt. Und die Panade geht beim Backen besonders schön auf, wenn man die Pfanne leicht hin und her rüttelt.

Gebackene Kalbsleber
mit Preiselbeerkrapferl und Pilzen

4 Scheiben Kalbsleber

(à 120–150g)

2 Eier

Salz, Pfeffer aus der Mühle

80 g Mehl

200 g Semmelbrösel

Öl zum Braten

200 g Steinpilze

1 EL Butter

1 Prise Kümmel

1 EL gehackte Petersilie

Preiselbeerkrapferl

(Rezept Seite 186)

Zitronenschnitze

(nach Belieben)

Die Leber küchenfertig vorbereiten (häuten bzw. parieren). Die Eier mit etwas Salz und Pfeffer verquirlen. Die Leberscheiben beidseitig im Mehl wenden, durch die Eimasse ziehen, dann in den Semmelbröseln wälzen; dabei die Brösel leicht andrücken und überschüssige sanft abschütteln. Die Leber in einer großen Pfanne in reichlich heißem Öl schwimmend auf jeder Seite 2 Minuten braten. Herausnehmen und auf Küchenpapier abtropfen lassen.

Die Pilze putzen und in Scheiben schneiden und in heißer Butter bei mittlerer Hitze einige Minuten braten. Mit Salz, Pfeffer und gemahlenem Kümmel würzen und kurz vor dem Servieren die Petersilie unterrühren.

Zum Servieren die Pilze neben der Leber anrichten und die Preiselbeerkrapferl darauf setzen. Nach Belieben Zitronenschnitze dazulegen.

TIPP: Putzen Sie die Pilze gründlich mit einem kleinen Messer. Erst kurz vor der Zubereitung einzeln unter fließendem Wasser rasch abspülen, trockentupfen und erst dann schneiden. Pilze zu waschen ist meiner Ansicht nach wichtig. Man darf sie nur nicht im Wasser liegen lassen, sonst saugen sie sich damit voll.

Kalbsbriestörtchen
mit Schnittlauchsauce

250 g Kalbsbries
1 EL Butter
Salz, Pfeffer aus der Mühle
Geflügelfarce (Rezept Seite 32)
Butter zum Einfetten
10 EL gemischtes Gemüse (Möhren,
Sellerie, Porree – klein gewürfelt)
1 EL gehackte Petersilie
Hauchdünne Palatschinken
(Rezept Seite 64, aus einem Viertel
des Teigs ausgebacken)
Schnittlauchsauce
(Rezept Seite 50, aber ohne
Kren/Meerrettich)

Das Bries etwa 30 Minuten kalt wässern; dabei mehrmals das Wasser wechseln, trockentupfen, Hautreste entfernen und sehr klein würfeln. Die Brieswürfel in heißer Butter kurz anbraten, mit Salz und Pfeffer würzen. Abkühlen lassen. Mit der Geflügelfarce, dem Gemüse und der Petersilie vermengen. Mit Salz und Pfeffer abschmecken.

Ein Backblech mit gebutterter Alufolie belegen, eine Palatschinke darauf legen und mit Kalbsbriesfarce bestreichen (etwa einen halben Finger dick), weiter so verfahren, bis alle Palatschinken zu einem Türmchen aufgeschichtet sind. Im vorgeheizten Heißluftrohr bei 150 °C 15 Minuten backen. In Tortenstücke schneiden und mit Schnittlauchsauce lauwarm servieren.

TIPP: Schmeckt auch mit Kernölmarinade (Rezept Seite 45) köstlich.

Kalbsrahmgulasch

1 kg Kalbfleisch (Schulter oder Hals)
Salz, Pfeffer aus der Mühle
50 g Speck
150 g gewürfelte Zwiebeln
Olivenöl
350 ml kalte Rindssuppe
(Rezept Seite 71) oder Wasser
20 g Paprikapulver
$1/8$ l Sauerrahm
15 g Mehl
halb steif geschlagener Obers
(Schlagrahm) nach Belieben

Das Fleisch in 3 bis 4 cm große Würfel schneiden und mit Salz und Pfeffer würzen. Den Speck in kleine Würfel schneiden und mit den Zwiebeln in etwas Öl in einem großen Topf goldgelb anrösten. Das Paprikapulver dazugeben und mit etwas Rindssuppe ablöschen. Die Fleischwürfel zugeben und mit der restlichen Suppe aufgießen. Das Ganze etwa 45 Minuten köcheln lassen, bis das Fleisch weich ist.

Das Fleisch aus dem Sud heben. Sauerrahm und Mehl glatt verrühren und in den kochenden Sud einrühren. Einige Minuten lang köcheln lassen, dann den Sud durch ein Sieb passieren. Das Fleisch hinzufügen und kurz erwärmen.

Nach Belieben mit ein, zwei Esslöffeln Obers servieren.

TIPP: Das Paprikapulver darf nicht zu lang mitrösten, sonst wird es bitter.
Jedes Gulasch schmeckt aufgewärmt besonders gut.
Ausgezeichnet dazu passen meine Nockerl (Rezept Seite 57),
frisches Weißbrot oder pikantes Gebäck.

Ripperl vom Schwein oder Lamm

1,5 kg Spareribs
(Brustripperl vom Schwein
oder Lamm)
Salz

Marinade:

30 g Sambal Oelek
50 g Worcestershiresauce
400 g Ketchup
200 g Honig
Tabasco
Salz aus der Mühle
Geschroteter bunter Pfeffer

Die Spareribs in handliche Portionen schneiden und diese rundum mit etwas Salz einreiben.

Für die Marinade alle Zutaten mischen; dabei nach persönlichem Geschmack mit Tabasco, Salz und buntem Pfeffer würzen.

Die Spareribs mit der Marinade bestreichen und über Nacht im Kühlschrank ziehen lassen.

Die marinierten Spareribs nebeneinander in Grilltassen (Grillformen aus Alufolie) legen und bei mittlerer Hitze 40 Minuten auf dem Holzkohlengrill braten. Dabei mehrmals mit Marinade bestreichen und immer wieder wenden.

TIPP: Sie können die Ripperln auch im Backrohr braten: Bei 180 °C etwa 50 Minuten; auch hierbei das Fleisch öfter mit der Marinade bestreichen und mehrmals wenden.

Schweinsbraten vom Spanferkel

1,5 kg Spanferkel (Karree mit
Schwarte und Rippen im Stück)
1 Zwiebel
5 Knoblauchzehen
1 getrocknete Chilischote
1 TL Kümmel
50 ml Öl
Salz, Pfeffer aus der Mühle
4 Möhren (geschält,
grob gewürfelt)
8 kleine Kartoffeln
(geschält, halbiert)

Die Schwarte des Fleischs rautenförmig einschneiden. Zerkleinerte Zwiebel, Knoblauch, Chilischote, Kümmel, Öl, Salz und Pfeffer im Mixer zu einer Paste verarbeiten. Die Gewürzpaste mit der Hand rundum auf dem Fleisch verstreichen.

Das Fleisch in einen Bräter geben und bei 100 °C 1,5 bis 2 Stunden braten; dabei immer wieder mit etwas Wasser übergießen. Danach die Möhren und Kartoffeln in den Bräter legen und die Hitze auf 220 °C erhöhen. Weitere 30 Minuten braten, bis die Schwarte knusprig ist. Die im Bräter entstandene Sauce mit Salz und Pfeffer abschmecken.

Zum Servieren das Fleisch in Scheiben schneiden und mit dem Gemüse und der Sauce anrichten.

TIPP: Sie können auch einige geschälte Schalotten mitbraten. Die schmecken herrlich süß und geben dem Safterl einen besonders »molligen« Geschmack.

Karree vom Jungschwein
mit Pflaumensauce und Gnocchi

700 g Karree vom Jungschwein
(ausgelöstes Kotelettfleisch)

30 g Butter

Salz, Pfeffer aus der Mühle

Pflaumensauce:

3 EL Olivenöl

1 TL Staubzucker (Puderzucker)

2 EL fein gewürfelte Zwiebeln

2 Knoblauchzehen (zerdrückt)

1 TL fein geriebener Ingwer

500 ml Pflaumenwein

125 ml Rindssuppe
(Rezept Seite 71 oder Instant-Brühe)

125 ml Johannisbeersaft

60 g zerkleinerte getrocknete
Pflaumen

2 Gewürznelken

1 EL Preiselbeermarmelade

12 getrocknete Pflaumen

Salz, Pfeffer, Sojasauce, Chilisauce

Kartoffel-Gnocchi:

500 g mehlige Kartoffeln

150–200 g Mehl

1 Ei

30 g Butter (zerlassen)

Salz, Pfeffer aus der Mühle

1 EL Butter

Den Backofen auf 90 °C (Umluft) vorheizen. Das Karree rundum salzen und pfeffern. Die Butter in einer Kasserolle erhitzen und darin das Fleisch rundum goldbraun anbraten. Herausnehmen und auf ein Gitter legen. Ein Bratenthermometer in das Fleisch stecken und das Karree etwa 2 Stunden im vorgeheizten Backofen garen, bis die Kerntemperatur von 65 °C erreicht ist. Das Fleisch aus dem Ofen nehmen, abdecken und an einem warmen Platz 15 Minuten ruhen lassen.

Für die Pflaumensauce in einem Topf das Olivenöl heiß werden lassen und darin den Staubzucker unter Rühren hellbraun karamellisieren. Zwiebeln, Knoblauch und Ingwer zugeben und rösten. Mit Pflaumenwein, Rindssuppe und Johannisbeersaft aufgießen. Die zerkleinerten Pflaumen und die Gewürznelken hinzufügen und die Sauce etwa 15 Minuten köcheln lassen.

Die Sauce durch ein Sieb passieren, die Preiselbeermarmelade unterrühren. Mit Salz, Pfeffer, Soja- und Chilisauce pikant abschmecken. Die ganzen Pflaumen zugeben und etwa 3 Minuten leicht mitköcheln lassen.

Für die Gnocchi die Kartoffeln in der Schale kochen, schälen und noch warm durch die Kartoffelpresse drücken. Mit Mehl, Ei, Butter, etwas Salz und 1 Prise Pfeffer zu einem geschmeidigen Teig verkneten. Den Teig in Rollen von etwa 2 cm Durchmesser formen, diese in Mehl wälzen und in kurze Stücke abschneiden. Mit einer Gabel das typische Gnocchi-Rillenmuster eindrücken. Die Gnocchi in leicht gesalzenem Wasser 4 bis 5 Minuten sanft köcheln lassen. Abseihen, abtropfen lassen und in heißer Butter schwenken.

Zum Servieren das Karree in Scheiben schneiden und mit der Pflaumensauce und den Kartoffel-Gnocchi auf vorgewärmten Tellern anrichten.

Wurzelfleisch

1 Zwiebel

3 Möhren

$^1/_4$ Porree

$^1/_2$ Knollensellerie

$^1/_2$ Staudensellerie

500 ml trockener Weißwein

100 ml Weißweinessig

2 TL Salz

Pfeffer aus der Mühle

3 Lorbeerblätter

3 Wacholderbeeren

5 Korianderkörner

5 weiße Pfefferkörner

600 g Spanferkel- oder Schweine-
schulter oder Keule

frisch geriebener Kren (Meerrettich)

Zwiebel, Möhren, Porree, Knollen- und Staudensellerie schälen bzw. putzen und in einen großen Topf mit 2 Liter Wasser geben. Den Wein zugießen und mit Essig, Salz und Pfeffer würzen. Das Ganze zum Kochen bringen und die restlichen Gewürze hinzufügen. Die Hitze verringern. Das Fleisch in den Topf geben und das Ganze köcheln lassen, bis das Gemüse gar ist. (Nicht bis zum Schluss mitkochen!) Das Gemüse herausheben und beiseite legen. Das Fleisch weiterköcheln lassen, bis es weich ist. Die Gesamtgarzeit beträgt etwa 2 Stunden.

Kurz vor dem Servieren das Gemüse in Scheiben schneiden und in etwas Fond in einem separaten Topf erwärmen. Das Fleisch in Scheiben schneiden.

Das Fleisch mit dem Gemüse und Fond auf tiefen Tellern anrichten und Kren (Meerrettich) darüber streuen.

TIPP: Besonders gut passen neue (heurige) Kartoffeln zum Wurzelfleisch. Die Kartoffeln in der Schale kochen, dann schälen und mit auf die Teller geben.

Schweinefilet in der Folie
mit Eierschwammerln

2 Schweinslungenbraten
(Schweinefilets) à 300 g
Salz, Pfeffer aus der Mühle
2 Zweige Rosmarin
2 Zweige Thymian
200 g kleine Eierschwammerln
(Pfifferlinge)
30 g Butter
1 EL gehackte Petersilie
grobes Meersalz
Sauce:
$^1/_2$ Zwiebel
1 TL Butter
500 ml Geflügelfond
(Rezept Seite 26 oder Instant-Brühe)
250 ml Obers (Schlagrahm)
Salz, Pfeffer aus der Mühle
40 g kalte Butterwürfel
1 EL gehackte frische Kräuter

Das Fleisch zuputzen (Fettreste und »Häute« entfernen), salzen und pfeffern, mit den Kräuterzweigen belegen und fest in Klarsichtfolie – wie ein Bonbon – einwickeln. Anschließend in Alufolie wickeln. Reichlich Wasser in einem Topf zum Kochen bringen und das Fleisch einlegen. Den Topf zudecken, vom Herd nehmen und das Fleisch 15 Minuten ziehen lassen.

Für die Sauce die Zwiebel klein würfeln und in dem Teelöffel Butter glasig anbraten. Mit Geflügelfond aufgießen und auf die Hälfte des Volumens einkochen. Obers zugießen und das Ganze nochmals einige Minuten einkochen. Mit Salz und Pfeffer würzen. Kurz vor dem Servieren die kalten Butterwürfel mit dem Pürierstab in die Sauce mixen und die frischen Kräuter unterziehen.

Die Eierschwammerln in den 30 Gramm Butter einige Minuten anbraten, dann salzen, pfeffern und mit Petersilie verfeinern.

Zum Servieren das Fleisch aus den Folien wickeln, in 4 Stücke schneiden und mit den Eierschwammerln auf flachen Tellern anrichten. Mit Meersalz und Pfeffer bestreuen und mit Sauce umgießen.

TIPP: Dazu passen ideal meine Grießknöderln (Rezept Seite 56). Hübsch sieht es aus, wenn Sie das gegarte Fleisch mit dünnen Streifen von pochierten Zucchini umwickeln. Für dieses Rezept können Sie auch Kalbslungenbraten (Kalbsfilet) verwenden.

Gefüllte Wachteln
mit Steinpilzen und Blattspinat

4 ausgelöste Wachteln
gesalzene Butter

Füllung:

1 Schalotte

1 Knoblauchzehe

150 g Steinpilze oder andere
Waldpilze

30 g Hamburger Speck

40 g Butter

Salz, Pfeffer aus der Mühle

250 g Toastbrot (gewürfelt)

100 ml lauwarme Milch

2 Eier

2 EL fein gehackte Petersilienblätter

1 TL fein gehackte Thymianblättchen

Maiskeimöl

Spinat:

500 g frischer Blattspinat

200 ml Geflügelfond
(Rezept Seite 26)

1 TL Butter

Salz, Pfeffer aus der Mühle

Die Wachteln waschen und gut trockentupfen. Kurz beiseite legen.

Die Schalotte und den Knoblauch schälen, die Steinpilze putzen und alles fein zerkleinern. Den Speck würfeln. Das Ganze in einer beschichteten Pfanne in heißer Butter anbraten. Mit Salz und Pfeffer würzen. Die Mischung mit dem Toastbrot, der Milch, den Eiern, der Petersilie und dem Thymian zu einer lockeren Füllung vermengen. 10 Minuten ruhen lassen. Den Backofen auf 180 °C (Umluft) vorheizen.

Die Füllung in einen Dressiersack (Spritzbeutel) geben und in die Wachteln drücken. Die Wachteln mit etwas gesalzener Butter einstreichen, nebeneinander in einen Bräter legen und im vorgeheizten Ofen 20 bis 25 Minuten braten; dabei mehrmals mit gesalzener Butter bestreichen.

Inzwischen den Blattspinat putzen und waschen. Den Geflügelfond zum Kochen bringen und darin den Spinat in wenigen Minuten weich dünsten. Die Butter unterziehen. Mit Salz und Pfeffer abschmecken.

Zum Servieren den Spinat auf Tellern anrichten und die Wachteln obenauf setzen.

TIPP: Köstlich schmeckt der Spinat auch, wenn man ihn zusätzlich mit etwas Knoblauch würzt. Dafür den Knoblauch fein würfeln, in etwas Butter anbraten und dann unter den Spinat mischen. Als kleine Beilage schmecken kurz in Butter angebratene und mild gewürzte Pilze.

Pikanter Hühnerspieß
mit Gemüse-Zartweizen

3 Hühnerbrüste ohne Knochen

1 gelbe Paprikaschote

1 Stange Staudensellerie

4 kleine weiße frische Champignons

2 EL Olivenöl

Salz, Pfeffer aus der Mühle

Gemüse-Zartweizen:

60 g Butter

100 g Zartweizen

250 ml Geflügelfond

(Rezept Seite 26)

Salz, Pfeffer aus der Mühle

2 Tomaten

$^1/_2$ Zucchini

10 Zuckererbsen

2 Frühlingszwiebeln

1 Hand voll junger Spinat

5 Basilikumblätter

Die Hühnerbrüste waschen, gut trockentupfen und in etwa 3 cm große Würfel schneiden. Die Paprikaschote schälen, entkernen und in Rauten schneiden. Den Sellerie in etwa 2 cm lange Stücke schneiden. Die Champignons halbieren. Die Fleischwürfel abwechselnd mit dem Gemüse und den Pilzen auf die Spieße stecken.

Die Spieße in heißem Olivenöl rundum goldbraun anbraten, aus der Pfanne nehmen und danach im vorgeheizten Backrohr bei 160 °C (Umluft) etwa 5 Minuten braten, bis das Fleisch durchgegart ist.

In einer Pfanne 50 Gramm Butter heiß werden lassen. Den Zartweizen zugeben und kurz durchrühren. Mit 200 Milliliter Geflügelfond aufgießen. Das Ganze bei geringer Hitze 15 Minuten garen; dabei öfter umrühren. Mit Salz und Pfeffer abschmecken.

Inzwischen die Tomaten schälen und entkernen. Die eine Tomate würfeln, die andere in Filets schneiden. Zucchini würfeln, Zuckererbsen in Rauten und Frühlingszwiebeln in Ringe schneiden. Die restliche Butter in einer Pfanne erhitzen und darin das zerkleinerte Gemüse andünsten, dann den Spinat zugeben und kurz schwenken. Mit dem restlichen Geflügelfond aufgießen und das Gemüse knackig-weich dünsten. Mit Salz und Pfeffer abschmecken und unter den Zartweizen rühren. Die Basilikumblätter in feine Streifen schneiden.

Den Gemüse-Zartweizen auf Tellern anrichten und mit den Basilikumstreifen bestreuen. Die Hühnerspieße hinzufügen und sofort servieren.

TIPP: Die Holzspieße für eine halbe Stunde in kaltes Wasser einlegen, erst dann Fleisch und Gemüse aufspießen. Der Vorteil: Das Holz verbrennt nicht, und die Fleischstücke lassen sich ganz leicht ablösen.

Gebratene Weihnachtsgans

1 junge Gans (ca. 3,5 kg, bratfertig)

Salz

250 ml Rotwein

250 ml Geflügelfond

(Rezept Seite 26)

Füllung:

350 g Maroni

250 ml Milch

4 Eier

300 g Semmelwürfel

50 g Butter

80 g Zwiebeln (gewürfelt)

150 g Gänseleber (gewürfelt)

Salz, Pfeffer aus der Mühle

100 g Staudensellerie (in feine

Scheiben geschnitten)

100 g gehackte Walnüsse

1 EL fein gehackte Petersilie

1 TL fein gehackter Majoran

frisch geriebene Muskatnuss

Maisstärke (nach Belieben)

Die Gans waschen, gut trockentupfen und innen sowie außen salzen. Den Backofen auf 160 °C (Umluft) vorheizen.

Für die Füllung die Maroni an der bauchigen Seite einschneiden, auf ein Backblech legen und im vorgeheizten Ofen 20 Minuten backen. (Eine Schale mit Wasser in den Ofen stellen!) Die Maroni noch warm schälen und klein hacken.

Die Milch mit den Eiern verrühren. Die Semmelwürfel in eine große Schüssel geben und mit der Milch-Ei-Mischung vermengen. Ziehen lassen.

Inzwischen die Butter in einer beschichteten Pfanne zerlassen. Zwiebel- und Gänseleberwürfel darin anbraten und mit Salz und Pfeffer würzen.

Maroni, Zwiebel- und Gänseleberwürfel, Staudensellerie, Walnüsse, Petersilie und Majoran unter die Semmelmasse mengen. Mit Salz und Muskatnuss würzen. Die Masse 10 Minuten ziehen lassen.

Die Füllung in den Brustraum der Gans geben und leicht anpressen, damit sich eine kompakte Einheit ergibt. Hals- und Bauchöffnung der Gans mit Küchenzwirn verschließen. In einen Bräter etwa 1 cm hoch Wasser füllen. Die Gans mit der Brustseite nach unten hineinlegen und etwa 1 gute Stunde bei 180 bis 200 °C braten; dabei immer wieder mit Wasser begießen. Dann die Gans umdrehen – bei Bedarf das Wasser im Bräter ergänzen – und 1 weitere gute Stunde garen und weiterhin begießen. Zum Schluss sollte die Flüssigkeit verdampft, die Gans durchgegart und ihre Haut braun und knusprig sein.

Die Gans aus dem Bräter heben und zugedeckt ruhen lassen. Das überschüssige Fett aus dem Bräter gießen. Rotwein und Geflügelfond in den Bräter geben und etwas einkochen lassen. Eventuell mit etwas Maisstärke (in etwas kaltem Wasser aufgerührt) binden. Die Sauce passieren und mit Salz und Pfeffer abschmecken.

Die Gans der Länge nach halbieren, die Fülle vorsichtig aus dem Brustraum holen und in Scheiben schneiden. Brust, Rippen- und Schlussknochen entfernen.

Zum Servieren die Gans achteln und mit der Füllung auf Tellern anrichten. Die Sauce gesondert reichen.

Geschmorte Weihnachtsgans
mit gefülltem Polentaknödel und Wirsinggemüse

Marinade:

Saft von 1 Orange

20 g Ingwer (in feinen Scheiben)

1 TL Honig, 3 TL Sojasauce

3 schwarze Pfefferkörner

Gans:

1 Gans (etwa 3,5 kg)

Salz, Pfeffer aus der Mühle

2 EL Öl

400 g Schmorgemüse
(je 100 g Porree, Möhren, Knollen-
und Staudensellerie – fein gewürfelt)

20 g Tomatenmark

250 ml Rotwein

1 l Geflügelfond (Rezept Seite 26)
oder Instant-Brühe

150 g Einlagengemüse (je 50 g
Möhren, Knollen- und Staudensellerie – fein gewürfelt)

1 TL fein gehackte Petersilie

Wirsinggemüse:

1 mittelgroßer Wirsing

250 ml Geflügelfond

100 g Butter

Salz, Pfeffer aus der Mühle

1 TL fein gehackte Petersilie

Gefüllte Polentaknödel:

400 ml Geflügelfond
(Rezept Seite 26)

80 g Polentagrieß

Butter, Olivenöl,

Salz, Pfeffer, Muskatnuss

$^1/_2$ Schalotte (fein gewürfelt)

100 g Mangold (gehackt)

10 schwarze Oliven (fein gehackt)

50 g Mozzarella (gerieben)

Maisgrieß

Am Vortag für die Marinade alle Zutaten in einer Schüssel mischen und über Nacht im Kühlschrank ziehen lassen, dann durch ein Sieb passieren. Flügelspitzen, Hals und Innereien der Gans entfernen und beiseite legen. Die Gans innen sowie außen leicht salzen und pfeffern, mit der Marinade einpinseln und 1 Stunde eintrocknen lassen.

Inzwischen die Gansabschnitte in einer Pfanne in heißem Öl knusprig braun rösten. Schmorgemüse und Tomatenmark dazugeben und kurz anrösten. Mit Rotwein und Geflügelfond aufgießen. Die Mischung in ein tiefes Blech geben und die Gans mit der Brustseite nach unten einlegen. Das Ganze bei 160 °C (Umluft) gute 3 Stunden braten (nach halber Garzeit wenden). Aus dem Ofen nehmen, die Gans auf ein Gitter setzen und weitere 10 Minuten bei 220 °C knusprig braten.

Für eine Sauce inzwischen den Bratensud entfetten und durch ein feines Sieb passieren. Das Einlagengemüse in der Sauce weich dünsten und kurz vor dem Servieren mit Petersilie verfeinern.

Den Wirsing in 2 cm große Rauten schneiden. Geflügelfond und Butter erhitzen und darin den Wirsing weich dünsten. Mit Salz und Pfeffer würzen und die Petersilie unterheben.

Für die Polentaknödel den Geflügelfond aufkochen. Polentagrieß, je 1 Teelöffel Butter und Öl einrühren. Das Ganze 5 bis 10 Minuten unter Rühren köcheln lassen. Mit Salz, Pfeffer und Muskatnuss abschmecken. Auskühlen lassen.

Für die Füllung Schalotten, Mangold und Oliven in heißem Öl weich dünsten. Mit Salz, Pfeffer und Muskatnuss abschmecken. Abkühlen lassen, dann den Mozzarella in die noch lauwarme Masse mischen.

Kleine Portionen der Polenta in der Hand flach drücken und eine kleine Menge Fülle in den Teig einschlagen. Zu Knödeln formen, mit kaltem Wasser benetzen, in Maisgrieß wälzen und etwa 6 Minuten in heißem Öl backen.

Die Gans tranchieren und mit dem Wirsing, den Knödeln und der Sauce servieren.

Hühnerflügerl
mit gebackenen Champignons und Sauerrahm-Dip

450 g Hühnerflügel

Salz, Pfeffer aus der Mühle

20 g Dijon-Senf

2 Eier

100 g Mehl

100 g Semmelbrösel

1 l Öl zum Ausbacken

Sauerrahm-Dip:

(Rezept Seite 50)

Gebackene Champignons:

250 g Champignons

3 Eier (verquirlt)

200 g trockenes Toastbrot (oder Semmelbrösel)

Salz, Pfeffer aus der Mühle

reichlich Öl zum Ausbacken

Die Hühnerflügel waschen, gut trockentupfen, mit Salz und Pfeffer einreiben und dünn mit Senf bestreichen. Die Eier verquirlen und leicht mit Salz und Pfeffer würzen.

Zum Panieren jeden Hühnerflügel zuerst in Mehl wälzen, dann durch die Eimasse ziehen und anschließend rundum in die Semmelbrösel drücken. Die Flügel in heißem Öl schwimmend etwa 4 Minuten kross ausbacken. Auf Küchenpapier kurz abtropfen lassen. Dann sofort mit den Pilzen sowie dem Sauerrahm-Dip servieren.

Für die gebackenen Champignons die verquirlten Eier kräftig mit Salz und Pfeffer würzen. Die gewaschenen und trockengetupften Pilze durch das Ei ziehen und danach rundum im fein geriebenen Toastbrot (oder Semmelbröseln) wälzen. Das Öl in einem Topf oder in einer tiefen Pfanne erhitzen (nicht allzu heiß!) und die Pilze darin schwimmend goldbraun herausbacken. Das dauert etwa 4 Minuten. Auf Küchenkrepp abtropfen lassen und servieren.

TIPP: Im Spätsommer kommen die frischen Steinpilze auf den Markt. Längs halbieren, panieren und ebenso ausbacken. Herrlich! Und: Die klassische Panade (Panier) besteht ja aus Mehl, Ei und Bröseln. Bei den Pilzen können wir das Mehl aber getrost weglassen. Ei und Brösel haften auch so an den Pilzen!

Unter der Haut gefülltes Brathuhn

1 küchenfertiges Brathuhn
(ca. 1,2 kg)
14 Scheiben Toastbrot (ca. 350 g)
150 g Butter
3 Eigelbe
3 Eiweiße
$^{1}/_{2}$ rote Paprikaschote
$^{1}/_{2}$ gelbe Paprikaschote
2 kleine Stangen junger Porree
oder $^{1}/_{2}$ Bund Frühlingszwiebeln
Salz, Pfeffer aus der Mühle
1 Prise frisch geriebene Muskatnuss

Das Huhn gründlich waschen und innen wie außen gut abtrocknen.

Für die Füllung das Toastbrot entrinden und in kleine Würfel schneiden. Die Butter schaumig aufschlagen und die Eigelbe langsam unterrühren. Die Mischung mit Brotwürfeln vermengen. Das Eiweiß zu steifem Schnee schlagen und unter die Masse heben. Die beiden Paprikahälften klein würfeln. Den Porree in feine Streifen schneiden. Paprika und Porree unter die Brot-Ei-Mischung heben. Mit Salz, Pfeffer und Muskat würzen.

Den Backofen auf 160 °C (Umluft) vorheizen. Mit den Fingern die Haut des Huhns lockern und einen Teil der Füllung unter die Haut schieben. Den Rest der Füllung in das Innere des Huhns geben. Das Huhn im vorgeheizten Ofen etwa 1 Stunde braten, bis es vollkommen durchgegart ist. Herausnehmen und 10 Minuten ruhen lassen.

Zum Servieren das Huhn tranchieren (in Portionen zerlegen) und mit der Füllung servieren.

Geschmortes Lammhaxerl
mit orientalischem Couscous

4 Lammhaxerl mit Knochen

Salz, Pfeffer aus der Mühle

4 EL Olivenöl

300 g gewürfeltes Gemüse (Möhre, Zwiebel, Staudensellerie)

1 EL Tomatenmark

300 ml trockener Rotwein

1 l Geflügelfond (Rezept Seite 26) oder Instant-Brühe

1 Knoblauchzehe

1 Zweig Rosmarin

1 Zweig Thymian

10 Pfefferkörner

10 Korianderkörner

Orientalischer Couscous:

1 gelbe Paprikaschote

1 rote Paprikaschote

2 Tomaten

1 Zucchino

250 g Couscous

$1/2$ l Geflügelfond (Rezept Seite 26 oder Instant-Brühe)

2 EL Olivenöl

1 TL fein geschnittener frischer Ingwer

$1/2$ kleine Chilischote (klein gehackt)

Salz, Pfeffer aus der Mühle

1 EL gehackte Petersilie

1 EL gehacktes Basilikum

Die Lammhaxerl würzen und in einer ofenfesten Pfanne in heißem Olivenöl rundum anbraten. Das Fleisch herausnehmen. Die Gemüsewürfel und das Tomatenmark in die Pfanne geben und kurz anbraten. Mit Rotwein ablöschen. Dann Geflügelfond zugießen und alle Kräuter und Gewürze hinzufügen. Das Fleisch wieder in die Pfanne setzen und das Ganze im Backofen bei 160 °C (Umluft) etwa 2 Stunden schmoren. Danach die Haxerl aus der Sauce heben, warm stellen und den Schmorfond durch ein feines Sieb passieren; eventuell nachwürzen.

Für den Couscous die beiden Paprikaschoten, die Tomaten und den Zucchino schälen und in kleine Würfel schneiden. Den Couscous-Grieß im Geflügelfond kurz aufkochen, vom Herd nehmen, würzen und anziehen lassen. Die Gemüsewürfel in Olivenöl anschwitzen und mit dem Couscous vermischen. Die Kräuter und Gewürze hinzufügen; dabei individuell abschmecken.

Die Lammhaxerl mit der Sauce und dem Couscous auf vorgewärmten Tellern anrichten.

Lammkarree
in der Kräuterkruste mit Reiberdatschi und Fisolen

800 g Lammkarree mit Knochen
(Kotelettstück)

Salz, Pfeffer aus der Mühle

2 EL Olivenöl

1 Zweig Rosmarin

1 Zweig Thymian

1 Knoblauchzehe

Kräuterkruste:

60 g Butter

1 Eigelb

1 EL gehackte gemischte Kräuter
(Thymian, Petersilie, Basilikum)

$1/2$ Knoblauchzehe (fein gehackt)

60 g Semmelbrösel

Salz, Pfeffer aus der Mühle

Reiberdatschi:

(Rezept Seite 184)

Fisolen:

200 g Fisolen (Grüne Bohnen)

1 EL Olivenöl

$1/4$ Knoblauchzehe (fein gehackt)

50 g hauchdünne Scheiben
Hamburger Speck

50 ml Geflügelfond
(Rezept Seite 26)

Salz, Pfeffer aus der Mühle

1 TL frisches Bohnenkraut

Das Lammkarree salzen und pfeffern und in Olivenöl zusammen mit dem Rosmarin, Thymian und dem Knoblauch goldbraun anbraten. Auf ein Gitter legen und im Backofen bei 160 °C (Umluft) 8 Minuten vorbraten.

Inzwischen für die Kruste die Butter schaumig rühren. Eigelb, Kräuter, Knoblauch und Semmelbrösel zugeben und das Ganze gründlich mischen. Mit Salz und Pfeffer würzen.

Das Lammkarree aus dem Ofen nehmen und in der Kruste wälzen. Anschließend das Fleisch bei 220 °C Oberhitze 3 bis 5 Minuten gratinieren. Herausnehmen, kurz ruhen lassen und in Scheiben oder Portionen schneiden.

Die Reiberdatschi wie im Rezept angegeben zubereiten.

Die Fisolen (Grünen Bohnen) in heißem Olivenöl kurz anbraten. Knoblauch und Hamburger Speck hinzufügen und mit Geflügelfond aufgießen. Ein paar Minuten garen, bis die Bohnen bissfest sind. Mit Salz und Pfeffer abschmecken.

Die Bohnen mit Bohnenkraut bestreuen und mit dem Lammkarree und den Reiberdatschi auf Tellern anrichten.

Junglammschulter
in der Kräuterkruste mit Parmesanpolenta

1 ausgelöste Junglammschulter
(ca. 1 kg)
1 EL fein zerkleinerter Knoblauch
1 EL Rosmarinblättchen
1 EL Thymianblättchen
4 EL gemischte gehackte frische
Kräuter (Oregano, Majoran, Petersilie)
Olivenöl
4 Frühlingszwiebeln
2 Möhren
1 Stange Porree
1 Knoblauchzehe
$1/4$ Staudensellerie
$1/2$ Knollensellerie
250 ml Geflügelfond
(Rezept Seite 26)
250 ml trockener Rotwein
Salz, Pfeffer aus der Mühle

Parmesanpolenta:

300 ml Geflügelfond
(Rezept Seite 26)
250 ml Milch
50 g klein geschnittene Zwiebel
30 g Butter
1 Knoblauchzehe
1 Lorbeerblatt, 1 Zweig Thymian
125 g Polentagrieß
70 g frisch geriebener Parmesan
Salz, Pfeffer aus der Mühle
Olivenöl

Lammschulter waschen und trockentupfen. Knoblauch und Kräuter mit 50 Milliliter Olivenöl im Mixer pürieren und das Fleisch damit rundum bestreichen. In die Schüssel geben, zudecken und über Nacht im Kühlschrank ziehen lassen. Am nächsten Tag die Frühlingszwiebeln, Möhren, den Porree, Knoblauch, Stauden- und Knollensellerie putzen und fein zerkleinern. Den Backofen auf 220 °C vorheizen.

Etwa 1 Esslöffel Olivenöl in einer Kasserolle erhitzen und die Lammschulter darin rundum anbraten. Das Gemüse zugeben und mit Rotwein sowie Geflügelfond aufgießen. Ein Bratenthermometer ins Fleisch stecken und die Kasserolle in den vorgeheizten Ofen schieben. Das Ganze etwa 2 Stunden schmoren, bis das Fleisch eine Kerntemperatur von 60 bis 65 °C erreicht hat. Den Braten aus der Kasserolle nehmen, auf ein Gitter setzen und im Ofen 10 Minuten knusprig braten. Den Bratensud durch ein Sieb passieren und mit Salz und Pfeffer abschmecken.

Für die Polenta alle Zutaten – außer Parmesan und Öl – in einem Topf zum Kochen bringen. Den Fond vom Herd nehmen und 5 Minuten ziehen lassen, dann in einen anderen Topf abseihen. Den Polentagries in den heißen Fond einstreuen und bei geringer Hitze unter Rühren etwa 15 Minuten köcheln lassen. Vom Herd nehmen und quellen lassen; dabei ab und zu umrühren. Zum Schluss den geriebenen Parmesan unterheben. Die warme Parmesanpolenta auf ein Blech streichen, mit etwas Olivenöl bestreichen und abkühlen lassen. Mit einer Keksform rund oder eckig ausstechen und vor dem Servieren kurz auf einer Seite in heißem Olivenöl knusprig anbraten.

Die Lammschulter in Scheiben schneiden, mit der Parmesanpolenta anrichten und mit der Sauce umgießen. Nach Belieben mit frischen Kräutern bestreuen und in Butter geschwenktes Blatt- oder Wurzelgemüse dazu reichen.

Kaninchenspieß in der Sesamkruste
mit Parmesansauce und Kräutersalat

500 g Kaninchenrücken (ausgelöst
und küchenfertig/pariert)
Salz, Pfeffer aus der Mühle
50 g Sesamsamen
Olivenöl
1 Hand voll frische Kräuter und
junge Salatblätter (gewaschen und
gut getrocknet)
Marinade für Blattsalate
(Rezept Seite 66)
Parmesansauce
(Rezept Seite 41)
Kirschtomaten
Parmesan

Den Kaninchenrücken in 3 cm dicke Scheiben schneiden. Mit Salz und Pfeffer würzen. Die Fleischscheiben auf lange Holzspieße stecken und in den Sesamsamen wälzen. Die Spieße in heißem Olivenöl kurz rundum goldbraun anbraten, dann bei 160 °C (Umluft) etwa 4 Minuten durchgaren.

Die Kräuter und Salatblätter mit etwas Marinade mischen.

Zum Servieren etwas Parmesansauce auf den Tellern verstreichen. Den Kräutersalat darauf anrichten und die Kaninchenspieße obenauf legen. Mit Kirschtomaten und frisch gehobeltem Parmesan garnieren.

Kaninchen-Carpaccio auf Reiberdatschi

2 Kaninchenrücken
(sorgfältig ausgelöst)
Salz, schwarzer Pfeffer aus der Mühle
8 EL Basilikumöl (Rezept Seite 44)
Saft von 1 Zitrone
2 Tomaten
4 fertige Reiberdatschi
(Rezept Seite 184)

Die Kaninchenrücken in dünne Scheiben schneiden und zwischen Klarsichtfolie flach klopfen.

Das Basilikumöl mit dem Zitronensaft, Salz und Pfeffer zu einer Marinade verrühren. Die Fleischscheiben mit der Marinade bestreichen und gut abgedeckt mindestens 1 Stunde kühl stellen. Die Tomaten schälen, entkernen und in Würfel schneiden.

Zum Servieren die Reiberdatschi auf Teller legen und die Kaninchenscheiben mit den Tomatenwürfeln darauf anrichten.

TIPP: Schmeckt auch mit mariniertem Rinds- oder Kalbslungenbraten.

Reh im Gewürzjus
mit Preiselbeerkrapferln und Waldpilzen

800 g Rehrücken

(zugeputzt/pariert)

Salz

6 EL Rehgewürz

(Rezept Seite 31)

300 g Waldpilze

(Eierschwammerl, Steinpilze, ...)

2 EL Butter

1 EL Maiskeimöl

Pfeffer aus der Mühle

Rehsauce:

(Rezept Seite 36)

Preiselbeerkrapferl:

(Rezept Seite 186)

Den Rehrücken salzen und im Rehgewürz wenden. Die Hälfte der Butter in einer Pfanne erhitzen und darin den Rehrücken rundum goldbraun anbraten. Den Backofen auf 160 °C (Umluft) vorheizen.

Den Rehrücken auf ein Gitter legen und im vorgeheizten Ofen 8 bis 10 Minuten braten. Herausnehmen und an einem warmen Platz etwa 10 Minuten lang ruhen lassen.

In der Zwischenzeit Preiselbeerkrapferl backen und die Sauce erwärmen. Außerdem die Waldpilze in heißem Maiskeimöl braten. Mit Salz und Pfeffer würzen.

Das Fleisch 1 bis 2 Minuten in heißer Butter schwenken, portionieren und mit den Pilzen, Preiselbeerkrapferln und der Rehsauce servieren.

Reh mit Lauch,
Preiselbeerspitz und Quittenconfit

400 g Rehrücken (ausgelöst)

2 EL Rehgewürz

(Rezept Seite 31)

4 EL Butter

Salz

Preiselbeerspitz:

(Preiselbeercreme)

250 g frische Preiselbeeren

250 g Zucker

1 EL Agar Agar

Quittenconfit:

1 kg Quitten (geschält, entkernt)

150 g Zucker

250 ml trockener Weißwein

Saft von 2 Zitronen

Den Rehrücken salzen, mit Rehgewürz würzen und in 2 Esslöffeln heißer Butter kurz goldbraun anbraten. Dann bei 160 °C (Umluft) im Backofen 5 bis 7 Minuten braten. Herausnehmen und bei Zimmertemperatur etwa 10 Minuten ruhen lassen. Vor dem Servieren die restliche Butter zerlassen und damit den Rehrücken übergießen.

Für den Preiselbeerspitz die Früchte mit dem Zucker im Mixer so lange pürieren, bis sich der Zucker aufgelöst hat. Die Masse leicht erwärmen. Agar Agar in 1 Esslöffel Wasser anrühren und in die warme Masse rühren. Die Preiselbeercreme in Spitzformen (oder Espressotassen) füllen und im Kühlschrank erkalten lassen.

Für den Confit die Quitten schälen, entkernen und sehr klein schneiden. Den Zucker in einem Topf bei mittlerer Hitze unter Rühren hellbraun karamellisieren. Die Quitten zugeben, Weißwein zugießen und das Ganze einkochen, bis die Früchte weich sind. Mit Zitronensaft abschmecken und den Confit durch ein Sieb passieren.

Zum Servieren den Rehrücken in Scheiben schneiden und mit Preiselbeerspitz und Quittenconfit auf vorgewärmten Tellern anrichten.

TIPP: Wenn man den Rehrücken im Ganzen serviert, kann man ihn in ein hübsches Lauchnetz wickeln. Dafür etwa 200 Gramm Lauchblätter in kochendem Salzwasser einige Sekunden blanchieren, dann die Blätter der Länge nach in Streifen schneiden und daraus ein Netz flechten.

Hirschragout

800 g ausgelöste, küchenfertige
(parierte) Hirschschulter

2 EL Rehgewürz

(Rezept Seite 31)

Salz

1 Zwiebel

50 g Hamburger Speck

5 EL Maiskeimöl

250 ml trockener Rotwein

300 ml Geflügelfond

(Rezept Seite 26

oder Instant-Brühe)

200 g Sauerrahm

Das Fleisch in etwa 3 bis 5 cm große Würfel schneiden. Mit dem Rehgewürz durchmischen und salzen. Die Zwiebel schälen und wie den Speck in kleine Würfel schneiden.

Zwiebel- und Speckwürfel mit dem Fleisch in einer Kasserolle in heißem Öl anbraten. Mit Rotwein ablöschen, mit Geflügelfond aufgießen. Das Ganze mindestens 1 Stunde köcheln lassen, bis das Fleisch gar ist. Das Fleisch herausnehmen. Die Sauce durch ein Sieb passieren und auf die gewünschte Konsistenz einkochen, dann mit Sauerrahm verfeinern und mit Salz abschmecken.

Das Fleisch in die Sauce geben, durchwärmen und sofort servieren.

TIPP: Herrlich dazu passen Knöderl. Oder wenn es schnell gehen muss: Spiralnudeln.

Forellenfilet auf Häuptelsalat,
Eierschwammerln und Speck

Kräutersauce:

100 g Sauerrahm oder Joghurt

100 g Mayonnaise

1 TL gehackte Kräuter

(Dill, Basilikum, Petersilie)

1 TL Dijon-Senf

Zitronensaft

Salz, Pfeffer aus der Mühle

Forellenfilets:

300 g Forellenfilets mit Haut

Salz, Pfeffer aus der Mühle

Olivenöl zum Braten

8 dünne Scheiben Brot

4 dünne Speckscheiben

20 Stück Eierschwammerl

(Pfifferlinge)

einige Blätter Häuptelsalat (Kopfsalat)

Für die Sauce alle Zutaten miteinander verrühren.

Die Forellenfilets in 8 Stücke schneiden und mit Salz und Pfeffer würzen. Die Fischstücke auf der Hautseite in heißem Olivenöl 3 Minuten knusprig braten.

Die Brotscheiben und den Speck ebenfalls mit Olivenöl knusprig braten. Und auch die Schwammerln (Pilze) braten und mit Salz und Pfeffer würzen.

Die Brotscheiben mit Kräutersauce, Fisch, Salat und Eierschwammerln belegen und den Speck obenauf legen.

Diese zünftige Vorspeise, eines der Lieblingsgerichte meiner Tochter Simone, hat eigentlich mein Mann Dietmar erfunden, als er eines Montags hungrig die Speisekammer geplündert hat ...

TIPP: Statt des Häuptelsalates, des Kopfsalates, der schnell lasch wird, kann man natürlich auch andere – festere – Blattsalate nehmen, die Auswahl ist heutzutage herrlich; es muss ja nicht gerade Eisbergsalat sein, der zwar »unverwüstlich« ist, aber sich geschmacklich nicht auf Höhenflügen befindet.

Asiatische Forellenbällchen

1 Möhre

$^1/_4$ Knollensellerie

$^1/_2$ Stange Porree

1 gelbe Paprikaschote

Salz

4 Forellenfilets ohne Haut

1 Knoblauchzehe

200 g Geflügelfarce

(Rezept Seite 32)

Pfeffer aus der Mühle

1 TL Currypulver

1 TL geriebener frischer Ingwer

$^1/_2$ TL Sambal Oelek

1 EL Sojasauce

3 EL gehackte Kräuter (Basilikum, Kerbel, Dill)

Haferflocken zum Wälzen

Erdnussöl zum Braten

Möhre und Sellerie schälen und in feine Würfel schneiden. Den Porree putzen, waschen und in feine Ringe schneiden. Die Paprikaschote mit dem Sparschäler schälen, entkernen und fein würfeln. Das gesamte Gemüse in leicht gesalzenem Wasser bissfest garen. Abseihen, kalt abschrecken und in einem Tuch gut ausdrücken.

Die Forellenfilets in kleine Würfel schneiden, den Knoblauch fein hacken und mit dem Gemüse sowie den restlichen Zutaten – außer Haferflocken und Öl – in eine Schüssel geben und zu einem homogenen Teig verarbeiten. Nach Belieben nochmals mit Salz und Pfeffer abschmecken.

Den Teig zu Bällchen formen, diese in den Haferflocken wälzen und in heißem Erdnussöl 2 bis 4 Minuten schwimmend ausbacken (die Garzeit hängt von der Größe der Bällchen ab).

TIPP. Zu den Forellenbällchen passt herrlich meine süßsaure Sauce (Rezept Seite 41) und ein kleiner Blattsalat.

Forellenfilet in der Folie
mit Schnittlauch-Kren-Fond

1 kleine Möhre
$^1/_2$ Knollensellerie
$^1/_2$ Staudensellerie
$^1/_2$ Porreestange
4 Forellenfilets
Salz, Pfeffer aus der Mühle
Zitronensaft
weiche Butter zum Bestreichen
100 g kalte Butter
$^1/_4$ l Fischfond (Rezept Seite 27)
2 EL frisch geriebener Kren
(Meerrettich)
$^1/_2$ Bund Schnittlauch

Möhre und Knollensellerie schälen und in sehr feine Streifen (Julienne-Streifen) schneiden. Staudensellerie und Porree putzen und ebenfalls in ganze feine Streifen schneiden. Den Backofen auf 160 °C (Umluft) vorheizen.

Pro Forellenfilet ein Stück Alufolie mit etwas Butter bestreichen, auf jedes Stück ein Fischfilet legen und dieses mit Salz, Pfeffer und Zitronensaft würzen. Die Gemüsestreifen auf die Filets verteilen und jeweils mit 1 Esslöffel Fischfond überziehen. Die Alufolie gut verschließen und den Fisch im vorgeheizten Backofen etwa 4 Minuten garen.

Den Schnittlauch in Röllchen schneiden. Den restlichen Fischfond erhitzen und die Butter in Würfeln mit dem Kren (Meerrettich) einrühren. Mit Salz und Pfeffer würzen und den Schnittlauch einstreuen.

Zum Servieren der Forellenfilets die Alufolie öffnen und eine Art Schale daraus zu formen. Den Schnittlauch-Kren-Fond separat dazu servieren

TIPP: Als Beilage eignen sich junge Kartoffeln. Sie können auch jeden anderen Fisch auf diese Art zubereiten. Achten Sie nur darauf, dass der Folienbeutel beim Garen gut verschlossen ist. Statt des Fischfonds können Sie auch Gemüsefond (Rezept Seite 26) oder Instant-Brühe verwenden.

Carpaccio vom Thunfisch
mit Wasabi-Creme

100 ml Olivenöl

10 Pfefferkörner

(im Mörser zerstoßen)

1 Zweig Rosmarin

1 Zweig Thymian

1 Chilischote (entkernt)

120 g Thunfisch

(Mittelstück vom Yellow Fine Tuna)

Salz, Pfeffer aus der Mühle

4 TL Zitronensaft

8 EL Wasabi-Creme

(Rezept Seite 51)

Olivenöl, Pfeffer, Rosmarin, Thymian und Chilischote in einer Pfanne erhitzen. Den Thunfisch ins nur mehr lauwarme Öl einlegen und darin 24 Stunden gekühlt marinieren. Den Fisch aus der Marinade nehmen und in Klarsichtfolie einrollen. Diese Rolle nochmals gut in Alufolie einschlagen und mindestens 1 Stunde im Tiefkühler anfrieren.

Die Wasabi-Creme auf 4 Tellern gleichmäßig verstreichen. Den Thunfisch aus der Folie nehmen, in hauchdünne Scheiben schneiden und kreisförmig auf die Teller legen. Mit Salz, Pfeffer und Zitronensaft würzen.

Thunfisch mit zweierlei Pfeffer und Klebreis

Klebreis

(Rezept Seite 52)

1 längliches, gleichmäßig dickes Stück Thunfisch von 400 g

Salz

4 EL bunter gehackter Pfeffer

Olivenöl zum Anbraten

Tomatensauce

(Rezept Seite 38)

8 Basilikumblätter

Den Klebreis gemäß Rezeptanleitung garen. Inzwischen den Backofen auf 160 °C (Umluft) vorheizen.

Den Thunfisch kurz abspülen und gut trockentupfen. Rundum salzen und im Pfeffer wälzen. Den Fisch in heißem Olivenöl auf allen Seiten scharf anbraten. Den Fisch auf einem Gitter im vorgeheizten Ofen etwa 5 Minuten fertig garen. Der Thunfisch sollte innen noch rosa sein.

Kurz vor dem Servieren die Basilikumblätter in feine Streifen schneiden und in die heiße Tomatensauce einrühren.

Den Fisch portionieren und mit Klebreis und der Tomaten-Basilikum-Sauce auf vorgewärmten Tellern anrichten. Die Basilikumstreifen darüber streuen.

TIPP: Den bunten Pfeffer kann man schnell selber im Mörser oder Blitzhacker herstellen, es gibt ihn aber auch als fertige Mischung, in der die Pfeffersorten in einer recht ausgewogenen Mixtur enthalten sind.

Seeteufel-Saltimbocca
mit hauchdünnem Gewürzspeck, Parmesan und Mangoldrisotto

4 Stück Seeteufelfilet (à 70 g)

1 EL Fischgewürz

(Rezept Seite 30)

8 frische Salbeiblätter

4 Scheiben Parmaschinken

Olivenöl zum Braten

Mangold-Risotto:

Risotto-Grundrezept

(Rezept Seite 52)

150 g Mangold

50 g geröstete Pinienkerne

Die Seeteufelfilets waschen, gut trockentupfen und mit dem Fischgewürz würzen. Auf beide Filetseiten je 1 Salbeiblatt legen und jedes Filet mit Parmaschinken fest einwickeln.

Den Risotto gemäß Rezeptanleitung garen. Inzwischen den Backofen auf 160 °C (Umluft) vorheizen.

Die Seeteufelfilets kurz auf beiden Seiten in heißem Olivenöl anbraten und im vorgeheizten Ofen 5 Minuten fertig braten.

Den Mangold waschen, gut trocknen und in kleine Quadrate schneiden. Kurz bevor der Risotto gar ist, den Mangold unterrühren. Den Risotto (wie im Rezept angegeben) mit Parmesan und Butter vollenden. Den Risotto 2 Minuten ziehen lassen und die Pinienkerne einstreuen. Den Risotto mit dem Fisch auf vorgewärmten Tellern anrichten. Dazu passt ein kleiner Kräutersalat.

Shrimpscocktail

200 g frische Shrimps (oder auch TK)

6 klein gezupfte Basilikumblätter

80 ml kaltgepresstes Olivenöl

10 ml Weißweinessig

10 ml weißer Aceto Balsamico

1 mittelgroße gehackte Knoblauchzehe

1 TL klein gehackte Petersilie

1 TL klein gehacktes Basilikum

1 TL geschroteter bunter Pfeffer

3 TL Würfel von geschälten Tomaten

Saft von 1 Zitrone oder Limette

1 Prise Meersalz aus der Mühle

Die Shrimps in leicht gesalzenem Wasser 2 Minuten garen. Die restlichen Zutaten vermengen und die Shrimps damit marinieren.

Mit frischem Weißbrot, Kräutern und Salaten anrichten.

Knusprig gebratener Zander
mit Spargelrisotto

4 Zanderfilets (à 120 g)

Spargelrisotto:

(Risotto Grundrezept Seite 52)

Salz, Pfeffer aus der Mühle

2 EL Zitronensaft

Olivenöl

6 Stangen weißer Spargel

2 EL fein gehackte Petersilie

2–3 EL Obers (Schlagrahm),

nach Belieben

frische Kräuter

Zitronenschnitze

Die Zanderfilets waschen und gut trockentupfen. Den Risotto gemäß Anleitung im Rezept garen.

Inzwischen den Spargel in 1 bis 2 cm dicke Scheiben schneiden und in leicht gesalzenem kochendem Wasser kurz bissfest blanchieren.

Den Fisch salzen, pfeffern und mit Zitronensaft beträufeln. In heißem Olivenöl nur auf der Hautseite etwa 5 Minuten bei mittlerer Hitze knusprig braten.

Wenn der Risottoreis bissfest ist (nach etwa 15 Minuten), den Spargel und die Petersilie unterheben. Den Risotto mit Parmesan und Butter (wie im Rezept angegeben) vollenden. Nach Belieben mit etwas Obers verfeinern.

Den Risotto auf vorgewärmten Tellern verteilen, die Zanderfilets darauf legen. Mit frischen Kräutern und Zitrone garnieren.

TIPP: Für den Risotto können Sie auch fertig gekochten (übrig gebliebenen) Spargel verwenden. Da gegarte Spargelstangen sich ziemlich schwer sauber in kleine Stücke schneiden lassen, sollten Sie dazu ein sehr scharfes Messer oder die Küchenschere verwenden, damit er nicht zermatscht wird.

Branzino auf Tomatenrisotto

4 Branzini (Wolfsbarsch, Seebarsch;
je etwa 250 g)
Salz, Pfeffer aus der Mühle
4 Knoblauchzehen
4 Zweige Rosmarin
4 Zweige Thymian
4 Zweige Petersilie
8 dünn geschnittene,
halbierte Zitronenscheiben
Olivenöl zum Braten

Tomaten-Risotto:

(Risotto Grundrezept Seite 52)
1 Knoblauchzehe
4 Tomaten
1 rote Paprikaschote
1 EL Olivenöl
1 TL trockener Vermouth
(nach Belieben)
1 EL fein gehackte Petersilie
Salz, Pfeffer aus der Mühle

Die Branzini putzen, reinigen und trockentupfen. Den Fisch salzen, pfeffern und mit Knoblauch, Rosmarin, Thymian, Petersilie und Zitronenscheiben füllen; mit Hilfe von Zahnstochern verschließen. Olivenöl in 2 großen Pfannen erhitzen und darin die Fische auf jeder Seite 6 bis 8 Minuten braten. Warm halten.

Für den Tomaten-Risotto den Knoblauch schälen und fein hacken. Die Tomaten und die Paprikaschote schälen, entkernen und in kleine Würfel schneiden.

Den Risotto laut Rezeptanleitung zubereiten. Zeitgleich in einem kleinen Topf den Esslöffel Olivenöl erhitzen. Den Knoblauch darin farblos andünsten und die Gemüsewürfel zugeben. Bei geringer Hitze das Gemüse weich schmoren lassen, eventuell einige Tropfen trockenen Vermouth unterrühren. Das Gemüse mit Salz und Pfeffer würzen und unter den fast fertig gegarten Reis mischen. Erst jetzt den Reis mit Butter und Parmesan (wie im Grundrezept angegeben) vollenden. Mit Salz, Pfeffer und Petersilie abschmecken.

Den Risotto und den Fisch auf vorgewärmten Tellern anrichten.

TIPP: Sie können den Fisch auch in der Folie zubereiten. Dann kommen eine Flocke Butter und ein paar Esslöffel Gemüsesuppe dazu. Die Folie fest verschließen und den Fisch bei 160 °C im vorgeheizten Backofen 8 Minuten braten; größere Fische brauchen etwas länger.

Lauwarm marinierter Spargel
mit Flusskrebsen

16 Stangen weißer Spargel

2 EL Butter

Salz, Zucker

12 frische Flusskrebse

(oder in der Lake)

Salatdressing (z. B. French Dressing,

Rezept Seite 45)

Pfeffer aus der Mühle

Marinade:

50 g Mayonnaise

50 g Sauerrahm

50 g Crème fraîche

1–2 EL Spargelfond

$^{1}/_{2}$ TL Dijon-Senf

Saft von $^{1}/_{2}$ Zitrone

je 1 Prise Salz und Zucker

1 Hand voll frische Kräuter oder

junge Salatblätter

Den Spargel schälen und die Enden (inklusive eventuell holziger Teile) abschneiden. Von 4 rohen Spargelstangen die Köpfe wegschneiden. Die Stangen 5 mm dünn der Länge nach aufschneiden und ebenfalls der Länge nach auf 4 Tellern flach anordnen.

Für die Marinade alle Zutaten mit einem Schneebesen verschlagen und auf dem auf den Tellern liegenden Spargel verteilen.

Den restlichen Spargel sowie die abgeschnittenen Spargelköpfe in kochendem Wasser mit 1 Esslöffel Butter, etwas Salz und 1 Prise Zucker bei geringer Hitze bissfest garen. Herausheben und abtropfen lassen.

Leicht gesalzenes Wasser zum Kochen bringen und die Krebse darin 1 Minute kochen lassen. Abseihen und mit kaltem Wasser abschrecken. Die Scheren und den Schwanz abtrennen und das Krebsfleisch aus den Schalen brechen. Das Krebsfleisch in einem halben Esslöffel heißer Butter kurz durchschwenken und mit Salz und Pfeffer würzen. Den Spargel in der restlichen Butter braten. Die Kräuter oder den Salat mit etwas Dressing marinieren.

Die Krebse und den gebratenen Spargel auf dem roh marinierten Spargel anrichten. Mit den Kräutern oder Salat garnieren.

Hausgebeizter Wildlachs

1 Seite Wildlachs

($\frac{1}{2}$ Lachs ohne Gräten)

Saft von 2 Zitronen

Gewürzmischung:

5 g Korianderkörner

5 g Pfefferkörner

10 Wacholderbeeren

50 g Salz

10 g Pökelsalz

10 g Zucker

100 ml Olivenöl

Kräutermischung:

200 g Dill

100 g Petersilie

Den Lachs gut trockentupfen und mit der Haut nach unten in eine flache Form geben.

Für die Gewürzmischung Koriander-, Pfeffer- und Wacholderbeeren im Blitzhacker mahlen und zusammen mit dem Salz, Pökelsalz, Zucker und Olivenöl gut vermischen.

Für die Kräutermischung Dill und Petersilie sehr fein zerkleinern.

Die Wildlachsseite mit der Gewürzmischung gründlich einreiben. Die Kräutermischung auf dem Fisch verteilen, etwas in die Gewürzmischung einarbeiten und andrücken. Das Ganze mit Zitronensaft beträufeln. Die Form mit Klarsichtfolie abdecken und den Fisch über Nacht im Kühlschrank durchziehen lassen.

Vor dem Servieren die Gewürzmischung vorsichtig vom Lachs abschaben und den Fisch in dünne Scheiben schneiden.

Dazu passen ausgezeichnet Kartoffelchips (Rezept Seite 185) und Kräutersauce (Rezept Seite 51).

TIPP: Der Lachs ist so mindestens eine Woche gekühlt haltbar. Es eignen sich auch hervorragend Forellen- und Saiblingsfilets zum Beizen. Für einen intensiveren Geschmack: Koriandergrün mit in die Kräutermischung geben.

Pasta Fiori

Nudelteig
(Rezept Seite 55)
Mehl für die Arbeitsfläche
Salz
Tomatensauce
(Rezept Seite 38)
Basilikumblätter
Parmesanflocken oder -streifen

Den Nudelteig auf der bemehlten Arbeitsfläche dünn ausrollen und mit einem Ausstecher von etwa 10 cm Durchmesser Kreise ausstechen. Die Teigblätter in Salzwasser weich kochen. Mit einem kleineren Ausstecher von etwa 6 cm Durchmesser aus der Hälfte der Teigscheiben Löcher ausstechen – sodass Ringe entstehen.

Die Tomatensauce auf die Teigblätter streichen und die Teigringe obenauf setzen. Nach Belieben mit Basilikum und Parmesan garnieren.

Ricottaravioli
mit Tomaten-Oregano-Sauce

Nudelteig:
(Rezept Seite 55)
Mehl für die Arbeitsfläche
Eiweiß zum Bestreichen
Tomatensauce
(Rezept Seite 38,
den Rosmarin durch 1 EL
gehackten Oregano ersetzen)
Für die Füllung:
200 g Ricotta
1 EL gehackte Kräuter (Basilikum,
Petersilie, Oregano)
Salz, Pfeffer aus der Mühle

Den Nudelteig auf der bemehlten Arbeitsfläche dünn ausrollen und mit einem Keksausstecher rund ausstechen. Für die Füllung Ricotta, Kräuter, Salz und Pfeffer mischen und jeweils einen Teelöffel davon auf ein Teigblatt setzen. Den Rand mit Eiweiß bestreichen, ein zweites Teigblatt obenauf setzen und sanft andrücken.

Die Ravioli auf ein bemehltes Blech legen und erst kurz vor dem Servieren in siedendem Salzwasser 3 Minuten al dente garen. Die Tomatensauce erhitzen und zu den Ravioli servieren.

Spaghettini
mit Venusmuscheln, Knoblauch und Petersilienöl

1 kg frische Venusmuscheln

2 Schalotten

2 Knoblauchzehen

1 Chilischote (entkernt)

2 EL Olivenöl

200 ml trockener Weißwein

300 g Spaghettini

Salz

3 EL Petersilienöl

(Rezept Seite 44)

1 TL mediterranes Gewürz

(Rezept Seite 31)

Die Muscheln (geöffnete Exemplare wegwerfen!) unter fließendem Wasser gründlich abbürsten. Schalotten und Knoblauch schälen und fein würfeln. Die Chilischote fein zerkleinern.

Schalotten, Knoblauch und Chili in einem großen Topf in heißem Olivenöl anschwitzen. Die Muscheln zugeben und mit Wein aufgießen. Zugedeckt 3 bis 4 Minuten lang köcheln lassen; dabei mehrmals den Topf rütteln. Die Muscheln sind gar, sobald sie sich geöffnet haben (geschlossen gebliebene Exemplare wegwerfen!).

Die Spaghettini in reichlich Salzwasser laut Packungsanweisung al dente kochen, abgießen und mit Petersilienöl beträufeln. Die Muscheln und das mediterrane Gewürz unterheben, mit einer Fleischgabel zu Nudeltürmchen drehen und diese auf vorgewärmten Tellern servieren.

TIPP: Schmeckt auch mit Miesmuscheln oder frisch gebratenen Jakobsmuscheln.

Spaghetti mit Scampi

400 g Spaghetti
Salz
12 Scampi
4 EL Olivenöl
1 Zweig Thymian
5 EL Geflügelfond
(Rezept Seite 26
oder Instant-Brühe)
2 EL Aceto Balsamico
1 rote Paprikaschote
1 gelbe Paprikaschote
2 Frühlingszwiebeln
2 Knoblauchzehen
1 kleine Chilischote
4 EL geschmorte Tomaten
(oder gehackte aus der Dose)
1 EL fein geschnittenes Basilikum
Pfeffer aus der Mühle
1 Hand voll Rucola

Die Spaghetti in leicht gesalzenem Wasser gemäß Anweisung auf der Packung al dente kochen.

Die Scampi schälen und den Darm entfernen. Schalen kurz beiseite legen. Die Scampi in einer Pfanne in 2 Esslöffeln Olivenöl anbraten. Herausnehmen und warm halten. Die Scampischalen mit dem Thymian in die Pfanne geben und anrösten. Mit Geflügelfond und Aceto Balsamico ablöschen. Den Scampi-Fond abseihen.

Die beiden Paprikaschoten mit dem Sparschäler schälen, entkernen und in feine Würfel schneiden. Die Frühlingszwiebeln putzen und in feine Ringe schneiden. Den Knoblauch schälen und fein hacken. Die Chilischote entkernen und ebenfalls fein hacken. Das gesamte zerkleinerte Gemüse in dem restlichen Olivenöl scharf anbraten und mit dem Scampi-Fond aufgießen. Mit Salz und Pfeffer würzen. Die Spaghetti unterheben und eventuell kurz durchwärmen. Zum Schluss das Basilikum untermischen. Den Rucola fein zerkleinern.

Die Spaghetti-Gemüse-Mischung auf tiefen Tellern anrichten. Die Scampi obenauf setzen und das Ganze mit Rucola garnieren.

Lasagne Provençal

Sauce Béchamel:

60 g Butter

75 g Mehl

1 l Vollmilch

1 Zwiebel (geschält, gewürfelt)

2 Gewürznelken

1 Lorbeerblatt

Salz, Pfeffer

100 g Parmesan

10 Basilikumblätter (fein gehackt)

Füllung:

1 rote Paprikaschote (entkernt)

1 gelbe Paprikaschote (entkernt)

2 kleine Auberginen

3 kleine Zucchini

6 EL Olivenöl

1 Zweig Thymian (gehackt)

1 Zweig Rosmarin (gehackt)

$1/2$ l Tomatensauce

(Rezept Seite 38)

Salz, Pfeffer

300 g Nudelteig

(Rezept Seite 55)

Mehl für die Arbeitsfläche

150 g Parmesan (gerieben)

Butter und Mehl in einem Topf erhitzen. Die Milch aufkochen und unter ständigem Rühren zur Butter-Mehl-Mischung geben. Die Zwiebelwürfel mit den Gewürznelken und dem Lorbeerblatt zur Mischung geben. Mit Salz und Pfeffer würzen. Die Sauce unter Rühren 20 Minuten leicht köcheln lassen. Die Nelken und das Lorbeerblatt aus der Sauce fischen, den Parmesan und die Basilikumblätter unterrühren und die Sauce bis zur Weiterverarbeitung abdecken.

Die beiden Paprikaschoten schälen, entkernen und in 5 mm dicke Ringe schneiden. Auberginen und Zucchini in 5 mm dicke Scheiben schneiden. Das Gemüse nacheinander in jeweils 2 Esslöffel Olivenöl scharf anbraten – die Auberginen ruhig ein bisschen länger braten, aber bei geringerer Hitze.

Das ganze Gemüse, Thymian, Rosmarin und Tomatensauce mischen, kräftig salzen und pfeffern und für die weitere Verarbeitung bereithalten.

Den Nudelteig dünn ausrollen und mehrere Blätter in die Größe einer kleinen Auflaufform zuschneiden. Schichtweise die Zutaten in die Form füllen. Mit einem Teigblatt beginnen, es folgt Béchamelsauce, dann die Gemüse-Tomatensauce-Mischung. Je nach Größe der Form sollten sich 3 bis 4 Lagen ergeben.

Am Ende folgen Béchamelsauce und eine dicke Parmesanschicht. Die Lasagne bei 180 °C im vorgeheizten Backofen etwa 45 Minuten backen.

TIPP: Wird die Lasagne zu schnell braun, einfach mit einem Stück Alufolie abdecken. Wer's doch nicht ganz vegetarisch will, mischt unter das Gemüse 200 Gramm angebratenes Rindsfaschiertes (Rinderhackfleisch). Natürlich können Sie auch fertige Lasagneblätter kaufen.

Blitzpizza für die Enkerln

1 Fertigpizzateig
oder selbst gemachten Pizzateig
(Rezept Seite 59)
5–8 EL Tomatensauce
(Rezept Seite 38)
75 g gehackte Tomaten
(Pomodori Pellati aus der Dose)
50 g Thunfisch (aus der Dose)
20 g Kapernbeeren
50 g Artischockenherzen
(aus der Dose)
30 g Schinken
1 Knoblauchzehe
(geschält, klein gehackt)
Salz, Pfeffer

Den Teig auf einem Blech ausrollen oder kleine Mini-Pizzen formen. Mit der Tomatensauce bestreichen und die Tomaten darauf streuen. Mit Thunfisch, Kapern, zerteilten Artischockenherzen, Schinken und Knoblauch belegen. Salzen und pfeffern.

Die Pizza im vorgeheizten Backofen bei 220 °C in etwa 10 Minuten knusprig backen.

TIPP: Soll die Pizza vegetarisch sein, verwenden Sie statt des Schinkens einfach frisch geriebenen Parmesan, Maiskörner, Paprikawürfel, Zucchini- und Auberginenscheiben.

Marinierter Ziegenfrischkäse

200 g Ziegenfrischkäse

Salz, weißer Pfeffer

150 ml Olivenöl

5 g bunter geschroteter Pfeffer

1 TL getrockneter Oregano

1 TL getrockneter Thymian

1 TL getrocknetes Basilikum

1 TL getrocknete Petersilie

30 g rote Paprikaschote

(in Würfel geschnitten)

1 Knoblauchzehe

Den Ziegenfrischkäse mit Salz und Pfeffer würzen, zu kleinen Bällchen formen und in ein Einweckglas legen.

Das Öl mit den Gewürzen, Paprikawürfeln und der Knoblauchzehe verrühren und vorsichtig über die Bällchen gießen.

Gut verschließen und kühl stellen.

Charente-Melone
mit Büffel-Mozzarella

1 Charente-Melone

1 Pack. Büffel-Mozzarella (ca. 200 g)

8 Basilikumblätter

80 g Rucola

8 EL Marinade für Blattsalat

(Rezept Seite 66)

4 EL Basilikum-Öl

(Rezept Seite 44)

12 Kirschtomaten

Die Enden der Melone abschneiden und die Frucht der Länge nach vierteln. Mit einem Löffel die Kerne herauskratzen.

Die Melonenviertel schälen, in Spalten schneiden und auf flachen Tellern anrichten.

Den Mozzarella in schmale Spalten schneiden und auf die Melonenspalten setzen. Die Basilikumblätter in feine Streifen schneiden und auf dem Mozzarella verteilen.

Den gewaschenen und gut getrockneten Rucola mit der Marinade mischen und auf die Teller geben. Den Mozzarella mit Basilikum-Öl beträufeln. Mit Kirschtomaten garnieren.

TIPP: Der Ziegenfrischkäse hält gekühlt mindestens einen Monat. Einfach zu frischen Blattsalaten oder einem kleinen Tomatensalat reichen. Auch mit dem Öl lassen sich Salate köstlich marinieren, dafür aber die getrockneten Kräuter und die anderen festen Bestandteile vorher abseihen.

Rucolasalat mit Parmesan
und Kirschtomaten

200 g Rucola

100 g fein gehobelter Parmesan

20 Kirschtomaten

Dressing:

30 ml Rindssuppe

10 ml Aceto Balsamico

20 ml weißer Aceto Balsamico

1 TL Zucker

Salz, Pfeffer aus der Mühle

60 ml kaltgepresstes Olivenöl

Den Rucola waschen und trockentupfen oder -schleudern. Die Zutaten für das Dressing in einer Schüssel mischen; dabei das Öl als Letztes langsam mit dem Schneebesen unterschlagen.

Kurz vor dem Servieren den Rucola mit dem Dressing mischen und auf flachen Tellern anrichten. Mit Parmesan bestreuen und mit Kirschtomaten garnieren.

Kartoffelsalat

500 g festkochende Kartoffeln

Salz

50 g Zwiebeln

200 g Rindssuppe

(Rezept Seite 71)

3 EL Weißweinessig

1 TL Dijon-Senf

Pfeffer aus der Mühle

6 EL Maiskeimöl oder Kürbiskernöl

Die Kartoffeln mit der Schale in Salzwasser weich garen. Das Wasser abgießen und die Kartoffeln etwas abdampfen lassen.

Die Kartoffeln noch heiß schälen und in dünne Scheiben schneiden. Die Zwiebel in kleine Würfel schneiden und mit der Rindssuppe, dem Essig, Senf sowie je 1 kräftigen Prise Salz und Pfeffer erwärmen. Das Öl langsam einrühren und das Ganze über die noch heißen Kartoffeln gießen. Vorsichtig mischen, dann ziehen lassen.

TIPP: Der Kartoffelsalat sollte mindestens 30 Minuten bei Zimmertemperatur durchziehen. Dazu passt frisch geschnittener Schnittlauch und auch Vogerlsalat.

Vogerlsalat mit Krusteln

100 g Hamburger Speck
(magerer, durchwachsener
geräucherter Speck)
4 hauchdünne Scheiben
Schwarzbrot
2 EL Maiskeimöl
2 Knoblauchzehen
Kernölmarinade
(Rezept Seite 45)
200 g Vogerlsalat (Feldsalat)

Den Speck in feine Würfel schneiden und ohne Zugabe von Fett in einer Pfanne rösten, bis das weiße Fett glasig wird (oder nach Belieben richtig kross braten).

Das Brot in kleine Würfel schneiden, den Knoblauch fein hacken. Die Brotwürfel in einer anderen Pfanne in heißem Maiskeimöl knusprig braten. Dann die Hitze reduzieren und den Knoblauch 2 Minuten mitbraten.

Den Salat mit Kernölmarinade mischen, in tiefen Tellern anrichten und mit den Speck- und Brotkrusteln bestreuen.

TIPP: Natürlich kann man den Salat mit jedem anderen Blattsalat zubereiten. Und auch die eingelegten Ziegenkäsebällchen (Rezept Seite 166) schmecken gut dazu.

Sommerliche Blattsalate mit Scampi
und marinierten Eierschwammerln

Dressing:

1 gelbe Paprikaschote

1 rote Paprikaschote

60 ml Aceto Balsamico

150 ml Rindssuppe

(Rezept Seite 71 oder Instantbrühe)

1 TL Salz

1 EL Zucker

Pfeffer aus der Mühle

100 ml Olivenöl

3 EL gehackte Kräuter

(Basilikum, Kerbel, Petersilie)

Einlage:

12 Scampi (frisch oder TK)

Olivenöl zum Braten

1 Zweig Rosmarin

1 Zweig Thymian

1 Knoblauchzehe

Salz, Pfeffer aus der Mühle

Zitronensaft

250 g Eierschwammerl

(Pfifferlinge)

400 g Blattsalate

(gewaschen, gezupft)

12 Basilikumblätter

12 Kirschtomaten

Für das Dressing die Paprikaschoten mit Sparschäler schälen, entkernen und in kleine Würfel schneiden. Essig, Rindssuppe, Salz, Zucker und etwas Pfeffer in einer Schüssel mischen, dann langsam das Olivenöl mit dem Schneebesen einrühren. Zum Schluss die Kräuter und die Paprikawürfel zugeben. Beiseite stellen.

Die Scampi schälen, etwas einschneiden und den Darm entfernen (am besten geht das mit einer Pinzette). In einer Pfanne etwas Olivenöl erhitzen und darin die Scampi mit dem Rosmarin, Thymian und der Knoblauchzehe 3 bis 4 Minuten braten. Mit Salz, Pfeffer und Zitronensaft würzen. Kräuterzweige und Knoblauch entfernen.

Die Eierschwammerl gründlich putzen und in einer anderen Pfanne 2 Minuten in heißem Olivenöl anbraten. Mit Salz und Pfeffer würzen.

Die Blattsalate mit dem Dressing mischen und mit den Scampi und Eierschwammerln auf flachen Tellern anrichten. Die Basilikumblätter in Streifen schneiden und über den Salat und die Schwammerln streuen. Mit halbierten Tomaten garnieren.

Zweierlei Spargel
mit Frühlingskräutern und Paprikasalsa

Paprikasalsa:

1 gelbe Paprikaschote

1 rote Paprikaschote

2 reife Tomaten

8 Basilikumblätter (gehackt)

2 EL Sherry-Essig

Saft von 1 1/2 Zitronen

6 EL Traubenkernöl oder

Maiskeimöl

1/4 rote Chilischote (gehackt)

Salz, Pfeffer, Zucker

500 g gemischter weißer

und grüner Spargel

Salz, Zucker

1 EL Butter

300 g frische Frühlingskräuter

(Bärlauch, Kerbel, Löwenzahn,

Petersilie, Sauerampfer, Schnittlauch)

Marinade für Blattsalate

(Rezept Seite 66)

Für die Salsa die Paprikaschoten mit dem Sparschäler schälen. Die Tomaten in kochendem Wasser kurz blanchieren, kalt abschrecken und schälen. Paprika und Tomaten halbieren, entkernen und kleinwürfelig schneiden. Mit den restlichen Zutaten verrühren.

Das Holzige von den Spargelstangen abschneiden, den weißen Spargel schälen. Etwa 2 Liter Wasser zum Kochen bringen, etwas Salz, 1 Prise Zucker und die Butter hinzufügen; die Hitze verringern. Den Spargel in leicht köchelndem Wasser 10 bis 15 Minuten bissfest garen. Herausheben und kurz in kaltem Wasser abschrecken.

Die Frühlingskräuter waschen, trocknen und grob zerkleinern. Die Kräuter mit der Marinade mischen und mit dem Spargel sowie der Paprikasalsa auf flachen Tellern anrichten. Dazu passt ausgezeichnet getoastetes Weißbrot, das mit etwas Knoblauchbutter bestrichen ist.

TIPP: Am einfachsten lässt sich der Spargel auf der Arbeitsfläche liegend schälen. Setzen Sie den Schäler unterhalb des Kopfes an, und ziehen Sie den Schäler bis zum Spargelende durch. Mit der den Spargel haltenden Hand drehen Sie den Spargel nach jedem Schnitt weiter, bis der Spargel rundum geschält ist. Grünen Spargel müssen Sie gar nicht schälen. Ich gebe ins Kochwasser immer eine alte Semmel, die dem Spargel störende Bitterstoffe entzieht.

Gebackener Spargel

12 weiße Spargelstangen

Salz

Marinade:

50 ml Zitronensaft

2 EL Reisessig

100 ml Sojasauce

125 ml Spargelfond

50 ml Maiskeimöl

1 Chilischote (klein gehackt)

1 TL geriebener Ingwer

1 Stange Zitronengras (gehackt)

1 EL Honig

1 EL gehackter Kerbel

1 EL gehackte Petersilie

1 TL geschroteter bunter Pfeffer

1 TL Koriandersamen

Salz, Pfeffer aus der Mühle

Zum Panieren:

5 EL Semmelbrösel

2 EL Sesamsamen

2 EL Mohnsamen

10 EL Mehl

1 Ei (verquirlt)

Öl zum Ausbacken

Den Spargel in leicht gesalzenem Wasser bissfest garen. Herausheben, in kaltem Wasser abschrecken, dann abtropfen lassen. Die Zutaten für die Marinade in eine Schüssel geben und mischen. (Die Schüssel muss so groß sein, dass der Spargel flach darin liegen kann.) Den Spargel in die Marinade legen und zugedeckt 3 Stunden marinieren. Den Spargel aus der Marinade heben, gut abtropfen lassen.

Für die Panade die Semmelbrösel, Sesam- und Mohnsamen in einer länglichen Schale mischen. Zum Panieren jede Spargelstange zuerst in Mehl, dann in Ei und schließlich in der Brösel-Samen-Mischung wälzen.

Den Spargel in reichlich heißem Fett etwa 3 Minuten ausbacken.

Am Montag haben wir das Restaurant geschlossen. Dann ist Familientag. Mein Mann Dietmar kocht, oft unterstützt von einem der Kinder. Doch das Essen selbst ist nicht das Wichtigste – obwohl der Dietmar ein fantastischer Koch ist. Sondern das Beisammensitzen. Das Reden über Vergangenes, über Zukünftiges. Über das, was nicht hätte passieren sollen, und über das, was passieren muss. Und alles in gemütlicher Atmosphäre. Ohne Telefon, ohne Termine, ohne Stress.

Vegetarischer Gemüsekuchen

Teig:

200 g Mehl

5 EL Olivenöl

1 TL Salz

Mehl für Arbeitsfläche und Form

Belag:

1 rote Paprikaschote

300 g Blattspinat

1 Bund Petersilie

1 Knoblauchzehe

Salz, Pfeffer aus der Mühle

2 EL Olivenöl

Die Zutaten für den Teig mit 50 Millilitern Wasser zu einem glatten Teig verkneten; ist er zu trocken, noch 1 bis 2 Esslöffel Wasser unterkneten. Den Teig auf einer bemehlten Arbeitsfläche dünn ausrollen und eine bemehlte ofenfeste Form damit auslegen. Mit der Gabel einige Löcher in den Teig stechen. Den Backofen auf 180 °C (Umluft) vorheizen.

Für den Belag die Paprikaschote entkernen und in kleine Würfel schneiden. Den Spinat grob zerkleinern. Die Petersilienblätter von den Stängeln zupfen und fein hacken. Den Knoblauch fein zerkleinern. Gemüse, Petersilie und Knoblauch auf dem Teig gleichmäßig verteilen. Salzen, pfeffern und mit Olivenöl beträufeln.

Den Gemüsekuchen im vorgeheizten Ofen etwa 25 Minuten knusprig backen. Noch warm aufschneiden und servieren.

TIPP: Zu diesem pikanten Kuchen serviert man am besten einen kleinen Blattsalat. Der Gemüsekuchen schmeckt auch herrlich, wenn Sie statt des Spinats klein gewürfelte, leicht gesalzene Aubergine verwenden.

Vegetarisch gefüllte Paprika
in Tomatensauce

8 Mini-Paprika

4 Artischocken (evtl. aus der Dose)

1 Aubergine

1 Zucchini

1 TL Basilikum (gehackt)

1 TL Petersilie (gehackt)

1 TL Koriander (gehackt)

Salz, Pfeffer

Olivenöl zum Braten

Püree:

500 g mehlige Kartoffeln

$1/8$ l Milch

$1/8$ l Obers (Schlagrahm)

1 kräftiger Schuss Olivenöl

Salz, weißer Pfeffer

Tomatensauce:

(Rezept Seite 38)

Für das Püree die Kartoffeln schälen, halbieren und in Salzwasser weich kochen. Noch heiß durch eine Kartoffelpresse drücken. Milch mit Obers erhitzen, über die Kartoffeln gießen und mit einem Schneebesen glatt rühren. Mit Salz, weißem Pfeffer und Olivenöl würzen.

Das gewaschene Gemüse in kleine Würfel schneiden, kurz in Olivenöl anbraten, mit den Kräutern, Salz und Pfeffer würzen und mit dem noch warmen Püree vermischen.

Von den Paprika längs einen Deckel abschneiden, das Kerngehäuse entfernen und waschen. In die ausgehöhlten Früchte die Kartoffel-Gemüse Mischung füllen.

Die fertige Tomatensauce in einen Bräter gießen und die gefüllten Paprika hineinsetzen. Mit einem Deckel verschließen und im vorgeheizten Rohr bei 160 °C Heißluft 30 Minuten dünsten.

TIPP: Statt Minipaprika können auch Zucchini oder große, ausgehöhlte Gemüsezwiebeln gefüllt werden. Wenn Sie gleich die doppelte Menge Püree machen, haben Sie eine feine Beilage, die hervorragend zur Tomatensauce passt. Meine Enkelkinder lieben diese samtige Kombination!

Reiberdatschi

4 große festkochende Kartoffeln
Salz, Pfeffer
Öl zum Braten

Die Kartoffeln schälen, in gleichmäßig dünne Stifte schneiden, mit Salz und Pfeffer würzen, gut vermengen. Den Saft ausdrücken und die Kartoffeln nochmals abschmecken. In einer beschichteten Pfanne Öl heiß werden lassen, die Kartoffeln zu vier Laibchen formen und beidseitig goldgelb braten.

Kartoffelpüree

600 g mehlige Kartoffeln
(am besten Ofenkartoffeln)
Salz
50 g Butter (zimmerwarm)
100 ml Milch
100 ml Obers (Schlagrahm)
geriebene Muskatnuss

Die Kartoffeln schälen und vierteln und in Salzwasser zugedeckt weich kochen. Das Wasser abgießen, die Kartoffeln kurz ausdampfen lassen und noch heiß durch ein Sieb passieren. Die Butter unterrühren. Milch und Obers zusammen erhitzen und in das Püree einarbeiten. Mit Salz und etwas geriebener Muskatnuss würzen.

Kartoffelchips

2 große festkochende Kartoffeln
Öl zum Frittieren
Salz

Kartoffeln schälen, mit der Schneidemaschine der Länge nach in hauchdünne Scheiben schneiden und diese 15 Minuten in lauwarmes Wasser legen. Die Kartoffelscheiben vollkommen trocknen (am besten auf einem Tuch) und im heißen Öl frittieren. Auf Küchenkrepp abtropfen lassen. Salzen.

Parmesankekserl mit Dillcreme
und Forellenkaviar

Kekse:

60 g Mehl
60 g Parmesan (frisch gerieben)
45 g kalte Butterwürfel
Salz und Cayennepfeffer
4 EL Forellenkaviar

Dillcreme:

4 EL trockener Vermouth
1 Blatt Gelatine
(in kaltem Wasser eingeweicht)
125 g Sauerrahm
1 EL fein geschnittene Dillspitzen
125 g Crème fraîche
Salz und Pfeffer aus der Mühle

Ein Blech mit Backpapier auslegen. Den Backofen auf 170 °C (Umluft) vorheizen.

Alle Zutaten – bis auf den Forellenkaviar – für die Kekserl in der Küchenmaschine zu einem glatten Teig kneten. Den Teig dünn ausrollen und ausstechen (etwa 20 Kekse). Die Kekserl auf das Blech legen und mit einer Gabel mehrmals einstechen. 30 Minuten kühlen, dann im vorgeheizten Ofen in etwa 8 Minuten goldbraun backen.

Für die Dillcreme den Vermouth erwärmen und darin die ausgedrückte Gelatine auflösen. In einer Schüssel den Sauerrahm glatt rühren und die Vermouth-Gelatine-Mischung unterrühren. Crème fraîche und Dill einrühren. Mit Salz und Pfeffer würzen. Die Creme im Kühlschrank anziehen lassen.

Die Dillcreme in Dip-Töpfchen füllen und den Forellenkaviar sowie die Parmesankekserl dazu reichen.

Preiselbeerkrapfen

125 g frisch gekochte Kartoffeln

25 g weiche Butter

10 g Germ (Hefe)

125 g Mehl

1 Ei

1 Prise Salz

etwas Vanillemark oder

Vanillezucker

etwas Zucker

3 EL lauwarme Milch

(bei Bedarf)

Butter und Semmelbrösel

für die Förmchen

Preiselbeermarmelade

Maiskeimöl

Die Kartoffeln noch heiß durch eine Kartoffelpresse drücken. In eine Rührschüssel geben und mit Butter, Germ, Mehl und Ei vermengen. Mit Salz, Vanillemark und Zucker abschmecken und das Ganze mit dem Knethaken zu einem glatten Teig verarbeiten. Falls der Teig zu dick ist, esslöffelweise lauwarme Milch einarbeiten. Die Schüssel mit einem Tuch abdecken und den Teig an einem warmen Platz 30 Minuten gehen lassen. Ofenfeste Förmchen mit Butter einfetten und mit Semmelbröseln ausstreuen (überschüssige Brösel herausschütten).

Den Teig zu je 20 Gramm schweren Kugeln formen. Jede Kugel in der Handfläche flach drücken, etwas Preiselbeermarmelade in die Mitte geben und den Teig darüberschlagen. Die Kugeln in die Förmchen drücken und kühl stellen. Anschließend die Krapferl aus den Förmchen stürzen und in heißem Fett schwimmend etwa 4 Minuten ausbacken.

TIPP: Die Krapferl können schon morgens vorbereitet und erst abends frisch gebacken werden.

Carpaccio vom Saibling
mit Limetten-Pfeffer-Öl und Kaviarkartoffeln

8 frische Saiblingsfilets

Kräutersauce

(Rezept Seite 51)

Limetten-Pfeffer-Öl

(Rezept Seite 44)

frische Kräuter oder Blattsalat

Kaviarkartoffeln:

4 festkochende Kartoffeln

Salz, Pfeffer aus der Mühle

Mehl

1 Ei (verquirlt)

Semmelbrösel

4 TL Forellen- oder

Saiblingskaviar

Maiskeimöl

Die Saiblingsfilets enthäuten, zwischen Klarsichtfolie legen und mit einem Plattiereisen bzw. der glatten Seite des Fleischklopfers so flach drücken, dass sie etwa 5 mm dick sind. Je 2 Filets zusammenrollen und die Rolle wie ein Bonbon in Klarsichtfolie einrollen und nochmals mit Alufolie umwickeln. Die Rollen im Tiefkühlfach etwa 3 Stunden anfrieren lassen.

Inzwischen für die Kaviarkartoffeln die Kartoffeln in der Schale in leicht gesalzenem Wasser garen. Etwas abkühlen lassen, schälen, dann auskühlen lassen. Die Kartoffeln mit Salz und Pfeffer würzen, dann zuerst in Mehl wälzen, anschließend durch das verquirlte Ei ziehen und in den Semmelbröseln rollen. Die Kartoffeln in heißem Maiskeimöl etwa 3 Minuten goldbraun backen. Auf Küchenpapier abtropfen lassen. Damit der Kaviar nicht herunterkullert, die »Kappen« der Kartoffeln abschneiden (oder mit dem Daumen der Länge nach vorsichtig eine Mulde in die Kartoffeln drücken) und jeweils 1 Teelöffel Kaviar obenauf setzen.

Kurz vor dem Servieren die Saiblingsrollen aus den Folien wickeln und in dünne Scheiben schneiden. Zum Anrichten flache Teller mit Kräutersauce bestreichen, die Saiblingsscheiben fächerförmig darauf anordnen und mit Limetten-Pfeffer-Öl beträufeln. In die Mitte jeweils eine Kaviarkartoffel aufrecht setzen. Mit frischen Kräutern garnieren. Sie können das Ganze auch sehr elegant auf einer Platte anrichten.

TIPP: Diese einfache Vorspeise ist sowohl im Sommer als auch im Winter ein idealer Einstieg in ein festliches Menü.

Schneckenravioli

1 Knoblauchzehe

100 g klein geschnittenes
Schneckenfleisch (aus der Dose)

1 EL Olivenöl

1 EL fein gehackte Petersilie

1 EL fein gehackter Kerbel

Salz, Pfeffer aus der Mühle

1 Möhre

$1/4$ Knollensellerie

$1/4$ Porree

2 EL Geflügelfarce
(Rezept Seite 32)

Saft von $1/2$ Zitrone

1 EL dickflüssiger
(alter) Aceto Balsamico

1 EL Sojasauce

Nudelteig (Rezept Seite 55)

Mehl für die Arbeitsfläche

1 Eiweiß zum Bestreichen

Den Knoblauch schälen und fein hacken. Das Schnecken-fleisch in heißem Olivenöl etwa 1 Minute andünsten und den Knoblauch hinzufügen. Petersilie und Kerbel unter-heben. Mit Salz und Pfeffer würzen. Kalt stellen.

Die Möhre und den Sellerie schälen und in sehr feine Würfel schneiden. Den Porree putzen und sehr fein zerkleinern. Das gesamte zerkleinerte Gemüse kurz in kochendem Salzwasser blanchieren, abgießen und in Eis-wasser abschrecken. Das Gemüse in ein Tuch legen und auswringen, um das restliche Wasser herauszupressen.

Für die Füllung Gemüse, Schneckenfleisch und Geflü-gelfarce gründlich vermengen. Zitronensaft, Aceto Balsa-mico und Sojasauce untermischen. Kalt stellen.

Den Nudelteig auf der bemehlten Arbeitsfläche dünn ausrollen und rund ausstechen (Durchmesser etwa 5 cm). Auf die Hälfte der Teigscheiben je einen Klecks Fül-lung setzen und die Teigränder mit Eiweiß bestreichen. Jeweils eine zweite Teigscheibe aufsetzen und die Ränder gut andrücken. Die Ravioli in gesalzenem Wasser 3 bis 4 Minuten al dente kochen.

TIPP: Köstlich schmeckt es, wenn man die Ravioli mit einem der Kräuteröle (Rezepte Seite 44) beträufelt und Knoblauch- oder Kräuterbutter dazu reicht. Die Butter in Schneckenhäuser gefüllt, sieht besonders hübsch aus.

Rinderfilet mit Gewürzjus
und Rosmarin-Reiberdatschi, Palmherzen und Waldpilzen

800 g Rinderfilet

Rindergewürz

(Rezept Seite 31)

Reiberdatschi:

(Rezept Seite 184)

zusätzlich: 1 Zweig Rosmarin

(klein gehackt)

100 g Waldpilze oder

Champignons

1 EL Olivenöl

4 Palmherzen (aus der Dose)

Salz, Pfeffer aus der Mühle

150–200 ml Kalbssauce

(Rezept Seite 35)

Das Rinderfilet zuputzen (das Fleisch sollte »blank« sein, ohne Fett und »Häute«). Das Filet mit dem Rindergewürz rundum würzen, in eine entsprechend lange Klarsichtfolie einschlagen und diese fest verschließen. Danach zusätzlich das Filet behutsam mit Alufolie umwickeln.

In einem großen Topf Wasser zum Kochen bringen, das eingepackte Rinderfilet hineingeben. Den Topf zudecken, vom Herd nehmen und das Filet etwa 30 Minuten ziehen lassen. Das Filet aus dem Wasser nehmen (in der Folie lassen) und auf einem Gitter 10 Minuten ruhen lassen, dann auswickeln (den Saft auffangen und durch ein Sieb in die Kalbssauce geben) und in Scheiben schneiden.

Die Reiberdatschi gemäß Rezept zubereiten, aber zusätzlich den Rosmarin unter den Teig mengen.

Die Pilze je nach Größe ganz lassen oder halbieren, würzen und kurz in Olivenöl anbraten. Die abgetropften Palmherzen in der Kalbssauce erwärmen.

Die Filetscheiben mit den Reiberdatschi, Pilzen und Palmherzen anrichten und mit etwas Kalbssauce umgießen.

TIPP: Das Rinderfilet lässt sich ohne weiteres auch zwei Stunden lang bei etwa 50 °C im Ofen warm halten. Am besten liegt es dabei (noch in der Folie) auf einem Gitter.

Bananen-Obers-Schnitte

Heller Biskuit (Rezept Seite 60)

Rum

Vanillecreme:

1 Ei

1 Eigelb

50 g Zucker

Mark von $^1/_2$ Vanilleschote

200 ml Obers (Schlagrahm)

2 Blätter Gelatine

(in Wasser eingeweicht)

Bananencreme:

500 g Bananen (geschält)

50 g Butter

50 g Zucker

10 ml Zitronensaft

Mark von $^1/_2$ Vanilleschote

150 ml Obers (Schlagrahm)

1 Blatt Gelatine

(in Wasser eingeweicht)

Zucker

Schokoladenglasur:

250 g Butter

250 g Zartbitterschokolade

Den Biskuit gemäß Rezept (auf Backpapier gestrichen) backen.

Für die Vanillecreme Eigelb, Ei und Zucker über Wasserdampf aufschlagen. Das Vanillemark zugeben. 2 Esslöffel Obers erwärmen und darin die ausgedrückte Gelatine auflösen, dann in Ei-Zucker-Mischung rühren. Etwas abkühlen lassen. Das restliche Obers cremig aufschlagen und unter die Masse heben.

Für die Bananencreme die Bananen zerkleinern und mit der Butter, dem Zucker und Zitronensaft in einem Topf sanft erhitzen und rühren, bis sich der Zucker aufgelöst hat. Den Topf mit Alufolie verschließen und 13 Minuten bei 160 °C (Umluft) in den Backofen stellen.

Die Mischung pürieren und durch ein feines Sieb streichen. Abkühlen lassen, dann das Vanillemark in das Bananenpüree rühren. 2 Esslöffel Obers erwärmen und darin die ausgedrückte Gelatine auflösen, dann unter das Püree rühren. Mit Zucker abschmecken. Das restliche Obers cremig schlagen und unter das Bananenpüree ziehen.

Für die Schokoladenglasur die Butter in einem Topf zerlassen. Vom Herd nehmen. Die Schokolade im Wasserbad in einem zweiten Topf schmelzen. Butter und Schokolade zu einer glatten Glasur verrühren (beides sollte nur lippenwarm sein, dann glänzt die Glasur schön).

Eine rechteckige Form mit dem Biskuit auslegen und diesen mit etwas Rum beträufeln. Die Vanillecreme glatt auf den Biskuit streichen und das Ganze zum Verfestigen etwa 10 Minuten in den Kühlschrank stellen. Danach die Bananencreme auf der Vanillecreme glatt verteilen. Weitere 45 Minuten kalt stellen. Die Bananenschnitte aus der Form geben, auf ein Kuchengitter legen und vorsichtig mit der nicht zu warmen Glasur überziehen. Die Glasur fest werden lassen. Zum Servieren den Kuchen mit einem erwärmten Messer in dreieckige Schnitten schneiden.

Ribisel-Haselnuss-Kekse

125 g weiche Butter

180 g Haselnussbrösel
(geröstete Haselnüsse im
Blitzhacker fein zerkleinert)

140 g Staubzucker (Puderzucker)

190 g Eiweiß

40 g Zucker

35 g gesiebtes Mehl

Ribiselmarmelade
(Johannisbeermarmelade
oder -gelee)

Zitronensaft

Staubzucker zum Bestreuen

Die Butter mit dem Staubzucker schaumig aufschlagen. Die Haselnussbrösel untermischen und das Mehl einarbeiten. Das Eiweiß mit dem Zucker zu einem cremigen Schnee schlagen und vorsichtig unter die Butter-Nuss-Mischung heben. Den Backofen auf 160 °C (Umluft) vorheizen. Den Teig in Förmchen füllen (am besten eignen sich Silikonmatten mit vorgegebenen Formen und einer Vertiefung in der Mitte). Die Kekse im vorgeheizten Ofen 8 bis 10 Minuten backen. Die Kekse aus der Form nehmen und etwas abkühlen lassen.

Die Ribiselmarmelade mit Zitronensaft abschmecken und glatt rühren. In die Mitte der Kekse Marmelade füllen und die Kekse noch warm mit Staubzucker bestreuen.

Dotterbusserl

125 g zimmerwarme Butter
125 g Staubzucker (Puderzucker)
7 Eigelbe
170 g Mehl
50 g Maisstärke
Marmelade nach Wahl

Die Butter mit dem Staubzucker cremig schlagen. Die Eigelbe nach und nach unterrühren. Mehl und Maisstärke sieben und vorsichtig unterziehen. Die Masse in einen Spritzsack mit mittlerer glatter Tülle füllen und kleine Busserl auf ein mit Backpapier ausgelegtes Blech dressieren.

Den Backofen auf 180 °C vorheizen und die Busserl etwa 8 Minuten goldbraun backen. Auf dem Blech auskühlen lassen. Die Hälfte der Busserl mit Marmelade bestreichen. Je ein Busserl mit und eines ohne Marmelade zusammensetzen. Mit Staubzucker bestreuen.

Haselnusskekserl

125 g weiche Butter
140 g Staubzucker
180 g Haselnussbrösel
190 g Eiweiß
40 g Zucker
35 g gesiebtes Mehl
40 g Ribiselmarmelade
(Johannisbeermarmelade
oder -gelee)
Staubzucker

Die Butter mit dem Staubzucker schaumig aufschlagen, dann die Haselnussbrösel untermischen. Das Eiweiß mit dem Zucker zu einem festen Schnee schlagen und unter die Butter-Nuss-Mischung heben. Das Mehl einarbeiten.

Den Backofen auf 160 °C (Umluft) vorheizen. Ein Backblech mit Backpapier auslegen.

Den Teig in einen Spritzsack füllen und runde, flache Kekse auf das Backpapier spritzen. Die Kekse im vorgeheizten Ofen 8 bis 10 Minuten backen. Auskühlen lassen. Die Ribiselmarmelade mit etwas Staubzucker glatt rühren. Jeweils zwei Kekse mit Hilfe der Marmelade zusammensetzen.

Faschingskrapfen

150 g lauwarme Milch

375 g Mehl

50 g Butter (zerlassen)

50 g Zucker

100 g Eigelb

20 g Germ (Hefe)

1 Prise Salz

etwas Vanillemark

etwas Zitronenschale

Außerdem:

Mehl

Öl zum Ausbacken

Marmelade zum Füllen

(Sorte nach Belieben)

Alle Zutaten in einer Rührschüssel zu einem glatten Teig verkneten; dabei so lange kneten, bis der Teig sich vom Rand der Schüssel löst. Die Schüssel mit einem Tuch zudecken und den Teig an einem warmen Platz 30 Minuten gehen lassen.

Den Teig auf die bemehlte Arbeitsfläche geben und eine schlanke Rolle formen. Die Rolle in gleich große Stücke (je etwa 16 bis 20 Gramm) schneiden. Die Stücke zu Kugeln formen und flach drücken. Auf ein bemehltes Tuch legen, leicht mit Mehl bestreuen und mit einem Tuch abdecken. Die Krapfen an einem warmen Platz gehen lassen, bis sie ihr Volumen verdoppelt haben.

Die Krapfen in reichlich heißem Öl beidseitig goldbraun ausbacken; das dauert pro Seite etwa 2 Minuten. Herausheben, auf Küchenpapier gut abtropfen und abkühlen lassen.

Die Marmelade in einen Spritzsack mit einer feinen Tülle geben und die Krapfen füllen.

TIPP: Für das Gelingen der Krapfen ist es entscheidend, dass alle Zutaten Zimmertemperatur haben, und die Milch darf höchstens handwarm sein!

Cassata-Parfaitherzen mit Früchten

2 Eigelbe (zimmerwarm)

1 Ei (zimmerwarm)

Mark von $\frac{1}{2}$ Vanilleschote

80 g Zucker

2 Blätter Gelatine

(in kaltem Wasser eingeweicht)

250 ml Obers (Schlagrahm)

100 g Trockenfrüchte

Himbeermark:

300 g Himbeeren (frisch oder TK)

3 EL Zucker

1 EL Zitronensaft

Garnitur:

125 ml Obers (Schlagrahm)

2 EL gehackte Pistazien

Eine Rührschüssel mit heißem Wasser ausspülen. Eigelbe, Ei, Vanillemark und Zucker darin sehr schaumig aufschlagen. 50 Milliliter Obers erhitzen und darin die ausgedrückte Gelatine auflösen, dann unter die Ei-Zucker-Mischung rühren. Das restliche Obers cremig schlagen und mit den Trockenfrüchten unter die Parfaitmasse heben.

Acht Herz-Silikonformen mit kaltem Wasser ausspülen. Die Parfaitmasse einfüllen und etwa 4 Stunden gefrieren lassen.

Die Himbeeren mit Zucker und Zitronensaft pürieren und durch ein Sieb streichen.

Die gefrorenen Herzen aus den Formen lösen, mit Himbeermark, steif oder cremig geschlagenem Obers und Pistaziensplittern garnieren.

Preiselbeerbrioche

125 g Mehl

30 g Butter

1 Prise Salz

5 g Zucker

10 g Germ (Hefe)

1 Eigelb

1 Ei

30 ml lauwarme Milch

Butter für die Form

Mehl für die Form

200 g Preiselbeeren

Glasur:

1 Ei

2 EL Milch

Mehl in eine Rührschüssel sieben. Butter schaumig schlagen und hinzufügen. Salz, Zucker, Germ, Eigelb und Ei zugeben und das Ganze verkneten. Die Milch in kleinen Portionen zugeben und den Teig so lange kneten, bis er sich von der Schüssel löst. Die Schüssel abdecken und den Teig an einem warmen Platz etwa 30 Minuten gehen lassen. Eine Kastenform mit Butter einfetten und mit Mehl bestäuben (überschüssiges Mehl herausschütten). Den Backofen auf 170 °C (Umluft) vorheizen. Den Teig zu einem Rechteck ausrollen, in der Mitte mit Preiselbeeren füllen und von oben und unten einschlagen. Mit der überlappenden Seite nach unten in die Form legen.

Für die Glasur das Ei mit der Milch verrühren und damit die Oberfläche des Teigs bestreichen. Die Form mit einem Tuch zudecken und den Teig nochmals an einem warmen Platz etwa 20 Minuten gehen lassen.

Die Brioche im vorgeheizten Ofen 5 Minuten backen. Dann die Hitze auf 150 °C herunterschalten und das Gebäck etwa 7 Minuten weiterbacken. Die Brioche noch warm aus der Form stürzen.

Erdbeerparfait

1 Ei (zimmerwarm)

1 Eigelb (zimmerwarm)

50 g Zucker

150 ml Obers (Schlagrahm)

1 Blatt Gelatine

(in kaltem Wasser eingeweicht)

8 große Erdbeeren

Eine Rührschüssel mit heißem Wasser ausspülen. Das Ei, Eigelb und den Zucker in die warme Schüssel geben und cremig schlagen. 50 Milliliter Obers erwärmen und darin die ausgedrückte Gelatine auflösen, dann in die Ei-Zucker-Mischung rühren. Das restliche Obers cremig aufschlagen. Die Erdbeeren würfeln und mit dem Obers unter die Masse ziehen.

Das Parfait in Gläser füllen und 3 Stunden tiefkühlen. Nach Belieben mit in kleine Würfel geschnittenen frischen Erdbeeren und steif geschlagenem Obers garnieren.

TIPP: Sie können jede andere Frucht verwenden, um dieses Parfait herzustellen. Vor dem Servieren das Parfait einige Minuten antauen lassen.

Apfeltarte

Mandelcreme:

1 EL Maisstärke

50 ml Rum

40 g Butter

1 Ei

40 g Zucker

80 g geröstete,
gehackte Mandeln

160 g Marzipan

Tarte:

4 reife Äpfel

Zitronensaft

3 EL Zucker

300 g frischer Butterblätterteig
(aus dem Kühlregal) oder

1 Packung TK-Blätterteig

2 EL Marillenmarmelade
(Aprikosenmarmelade)

Rum

50 g flüssige Butter

Für die Mandelcreme die Maisstärke im Rum anrühren und mit den restlichen Zutaten vermengen.

Die Äpfel schälen, das Kerngehäuse entfernen und das Fruchtfleisch in dünne Spalten schneiden. In eine Schüssel geben und mit etwas Zitronensaft und dem Zucker vermengen, um das Braunwerden zu verhindern.

Den Blätterteig ausbreiten und in Scheiben mit etwa 17 cm Durchmesser ausstechen. Die Teigscheiben auf ein mit Backpapier ausgelegtes Backblech geben. Die Teigblätter mit einer Gabel mehrmals einstechen und mit der Mandelcreme bestreichen. 9 Apfelspalten pro Tarte rosettenförmig auflegen und festdrücken. Die Marillenmarmelade mit etwas Rum und Zitronensaft glatt rühren und damit die Äpfel dünn bestreichen.

Die Tarten bei 170 °C (Umluft) etwa 20 Minuten goldgelb backen. Während des Backens die Tarten 2- bis 3-mal mit flüssiger Butter bestreichen. Die Tarten zum Abkühlen auf ein Kuchengitter setzen.

TIPP: Diese schnelle Tarte schmeckt auch besonders gut mit saftigen Birnen.

Vanilletörtchen mal zwei

Schoko-Haselnuss-Biskuit
(Rezept Seite 60)
Himbeermarmelade
Englische Creme:
10 g Zucker
1 Eigelb
50 ml Milch
150 ml Obers (Schlagrahm)
Mark von $\frac{1}{4}$ Vanilleschote
2 Blätter Gelatine
(in kaltem Wasser eingeweicht)
30 ml Cognac
1 EL Kristallzucker

Schoko-Haselnuss-Biskuit gemäß Rezept zubereiten und backen.

Für die Creme den Zucker mit dem Eigelb schaumig schlagen. Milch, 50 Milliliter Obers und Vanillemark in einem Topf zum Kochen bringen, dann die Hitze so verringern, dass die Masse nur noch leicht köchelt. Die Ei-Zucker-Mischung zugeben und das Ganze mit dem Schneebesen so lange rühren, bis eine cremige Konsistenz entsteht. Sofort durch ein Sieb seihen und abkühlen lassen.

Den Cognac erwärmen und darin die ausgedrückte Gelatine und den Zucker auflösen. Etwas abkühlen lassen, dann unter die Creme rühren. Das restliche Obers leicht aufschlagen und unter die Creme heben.

Aus dem gebackenen Schoko-Haselnuss-Biskuit 12 Törtchen ausstechen. Die Törtchen mit Himbeermarmelade bestreichen und in passende Förmchen legen. Mit Creme auffüllen und kalt stellen. Die Vanilletörtchen vor dem Servieren aus der Form lösen und nach Belieben garnieren.

Variante 1: Die Vanilletörtchen aus der Form stürzen. 2 Esslöffel Himbeermarmelade mit 2 Esslöffeln Rum verrühren und damit die Oberfläche sowie den Teigrand der Biskuitscheiben einpinseln. 250 Milliliter Obers mit 10 Gramm Sahnesteif sehr steif schlagen. Die Sahne mit einer Palette auf den Törtchen verstreichen. (Durch das Einpinseln mit der Marmelade saugt sich der Biskuitteig nicht mit dem Obers voll.) Nach Belieben garnieren.

Variante 2: Die Vanilletörtchen in der Form belassen. 200 Gramm Himbeermark (pürierte TK-Himbeeren) mit 3 eingeweichten, dann ausgedrückten Blättern Gelatine, dem Mark von einer halben Vanilleschote, dem Saft einer halben Zitrone und 2 Esslöffeln Zucker erwärmen. Die Mischung auf die Vanilletörtchen geben und im Kühlschrank fest werden lassen. Erst dann stürzen und mit steif geschlagenem Obers krönen. Nach Belieben garnieren.

Joghurt-Mandarinen-Torte

Biskuitteig:

(Rezept Seite 60)

passierte Marillenmarmelade

(Aprikosenmarmelade)

300 g Mandarinenspalten

(aus der Dose)

Füllung:

400 g Joghurt

150 g Staubzucker (Puderzucker)

Saft von 1 Zitrone

Mark von $1/2$ Vanilleschote

4 Blätter Gelatine

(in kaltem Wasser eingeweicht)

250 ml Obers (Schlagrahm)

Mandarinengelee:

250 ml Mandarinensaft

4 Blätter Gelatine

(in kaltem Wasser eingeweicht)

50 g Zucker

Saft von $1/2$ Zitrone

Den Biskuitteig gemäß Rezept zubereiten und in einer Tortenform (24 cm Durchmesser) 20 bis 25 Minuten bei 170 °C (Umluft) backen.

Für die Füllung Joghurt, Staubzucker, Zitronensaft und Vanillemark verrühren. 4 Esslöffel Obers erwärmen und darin die ausgedrückte Gelatine auflösen, dann unter die Joghurt-Mischung rühren. Das restliche Obers cremig aufschlagen und unter die Joghurtmasse heben.

Den Biskuitboden aus der Form nehmen und auf ein Kuchengitter setzen. Die Tortenform mit Klarsichtfolie auslegen. Den Kuchenboden mit Marillenmarmelade bestreichen und wieder in die Tortenform setzen. Die Joghurtcreme einfüllen und gleichmäßig verstreichen. Kalt stellen, bis die Creme fest ist.

Sobald die Joghurtcreme fest ist, für das Gelee den Mandarinensaft erwärmen und die ausgedrückte Gelatine und den Zucker darin auflösen. Den Zitronensaft unterrühren.

Die Cremeschicht mit den Mandarinenspalten belegen und das Ganze mit dem Mandarinengelee überziehen.

Marillenkuchen

1,5 kg Marillen (Aprikosen)
6 Eier
300 g Butter
300 g Zucker
Mark von $^1/_4$ Vanilleschote
oder 1 Päckchen Vanillezucker
abgeriebene Schale von
$^1/_2$ Zitrone
1 TL Backpulver
300 g gesiebtes Mehl
Staubzucker (Puderzucker)

Die Marillen waschen, trockentupfen, halbieren und ent-kernen. Beiseite stellen.

Die Eier sauber trennen. Die Butter cremig aufschlagen. Die Eigelbe mit der Hälfte des Zuckers und der Butter, dem Vanillemark, der abgeriebenen Zitronenschale und dem Backpulver schaumig verrühren. Das Eiweiß mit dem restlichen Zucker zu einem cremigen Schnee aufschlagen und unter die Butter-Eigelb-Mischung heben, dann vorsichtig das gesiebte Mehl unterheben.

Ein Backblech mit Backpapier auslegen. Den Backofen auf 160 °C (Umluft) vorheizen.

Den Teig auf das Blech streichen und mit Marillen belegen. Den Kuchen im vorgeheizten Ofen etwa 40 bis 45 Minuten backen.

Den Kuchen auf dem Blech abkühlen lassen, dann mit Puderzucker bestreuen und aufschneiden. Nach Belieben mit Obers (Schlagrahm) – steif oder cremig geschlagen – servieren.

TIPP: Dieser Kuchen schmeckt auch herrlich, wenn Sie ihn mit Pfirsichen oder Zwetschgen backen. Und er gelingt am besten, wenn alle Zutaten zimmerwarm sind.

Johannas Apfelstrudel mit Marzipan

150 g TK-Blätterteig

750 g säuerliche Äpfel

250 ml trockener Weißwein

(oder Apfelsaft)

100 g Zucker

Mark von $^1/_2$ Vanilleschote

Saft von 2 Zitronen

5 Blätter Gelatine

(in kaltem Wasser eingeweicht)

Marzipan-Guss:

20 ml Rum

1 Blatt Gelatine

(in kaltem Wasser eingeweicht)

80 ml Obers (Schlagrahm)

200 g Rohmarzipan

Den Backofen auf 180 °C (Umluft) vorheizen. Den Blätterteig auf die Größe des Bodens einer Kastenform zuschneiden und hineinlegen. Mit einer Gabel den Teig mehrmals einstechen und im vorgeheizten Ofen 10 Minuten backen. Die Teigplatte wenden und weitere 3 Minuten goldbraun backen. Herausnehmen und auskühlen lassen, aber in der Form belassen.

Die Äpfel schälen, entkernen und würfeln. Die Apfelwürfel mit Weißwein, Zucker, Vanillemark und Zitronensaft unter Rühren etwa 10 Minuten weich kochen – die Flüssigkeit sollte verdampft sein. Die Apfelmasse noch heiß durch ein Sieb streichen, es müssten sich dabei etwa 500 Gramm Apfelmus ergeben, für die man (wie angegeben) 5 Blätter Gelatine benötigt (bei Bedarf die Gelatinemenge anpassen).

Von dem Apfelmus 3 Esslöffel erwärmen und unter Rühren darin die ausgedrückte Gelatine auflösen, dann mit dem restlichen Mus verrühren. Abkühlen lassen. Das Mus auf den Blätterteigboden gießen und 2 Stunden kalt stellen.

Für den Marzipan-Guss den Rum erhitzen und die ausgedrückte Gelatine darin auflösen. Das Obers in einem Topf erhitzen und das Marzipan darin mit einem Schneebesen auflösen. Den Gelatine-Rum unterrühren und das Ganze etwas abkühlen lassen.

Den Marzipan-Guss auf das gestockte Mus gießen und den Strudel nochmals für mindestens 1 Stunde kalt stellen. Vorsichtig aus der Form stürzen und in Scheiben schneiden.

TIPP: Der Apfelstrudel schmeckt herrlich mit ein paar Löffelchen Vanillesauce oder einem Kugerl Vanilleeis.

Holunder-Erdbeer-Melange

100 ml Prosecco

1 Blatt Gelatine

(in kaltem Wasser eingelegt)

Vanille, Zitronensaft, Zucker

6 große Erdbeeren

Holundermousse:

100 g Naturjoghurt

100 ml Holundersirup

2 Blätter Gelatine

(in kaltem Wasser eingeweicht)

150 ml cremig geschlagenes

Obers (Schlagrahm)

Staubzucker (Puderzucker),

Zitronensaft

Himbeermousse:

200 g Himbeermark

(passierte TK-Himbeeren)

2 Blätter Gelatine

(in kaltem Wasser eingeweicht)

Zucker, Vanille, Zitronensaft

Himbeergelee:

200 ml Himbeersaft

3 Blätter Gelatine

(in kaltem Wasser eingeweicht)

Zucker, Zitronensaft

Einige Esslöffel des Prosecco erwärmen, die ausgedrückte Gelatine darin auflösen und mit dem restlichen Prosecco verrühren. Mit Vanille, Zitronensaft und Zucker abschmecken.

Die Erdbeeren würfeln, in Cocktailschalen füllen und die Prosecco-Mischung darübergießen. Kalt stellen, bis das Gelee fest ist.

Für die Holundermousse den Joghurt mit der Hälfte des Holundersirups verrühren. Den restlichen Sirup erwärmen, die ausgedrückte Gelatine darin auflösen und das Ganze unter die Joghurtmasse geben. Mit Staubzucker und Zitronensaft abschmecken und das Obers langsam unterheben. Auf das erstarrte Gelee in den Cocktailschalen füllen und kalt stellen, bis auch die Holundermousse fest ist.

Für die Himbeermousse das Himbeermark leicht erwärmen. Die ausgedrückte Gelatine darin auflösen und mit Zucker, Vanille und Zitronensaft abschmecken. Auf die feste Holundermousse geben und wieder kalt stellen.

Für das Himbeergelee den Himbeersaft erwärmen, die ausgedrückte Gelatine darin auflösen, mit Zucker und Zitronensaft abschmecken und auf die feste Himbeermousse geben. Ein letztes Mal kalt stellen.

TIPP: Je mehr Schichten dieses Dessert hat, desto hübscher sieht es aus, und desto mehr unterschiedliche Geschmacksrichtungen können Sie genießen. Es schmeckt aber auch mit weniger Schichten – dann sollten Sie es mit einer Kugel Vanilleeis krönen. Zum Aromatisieren eignet sich die echte Vanille, das fein geriebene Mark aus der Vanillestange. Vanillin ist ein synthetisch hergestellter Würzstoff, der zwar auch schmeckt, aber nicht so gut zu diesem Natur-pur-Dessert passt.

Himbeerschokoladentörtchen

Vanilletörtchen:

(Rezept Seite 212)

200 g Himbeermark

(passierte TK-Himbeeren)

3 Blätter Gelatine

(in kaltem Wasser eingeweicht)

Mark von $^1/_2$ Vanilleschote

Saft von $^1/_2$ Zitrone

2 EL Zucker

Schokoladenüberzug:

250 g Zartbitterschokolade

250 g Butter

Die Vanilletörtchen gemäß Rezept zubereiten und in der Form belassen.

Das Himbeermark erwärmen und darin die ausgedrückte Gelatine auflösen. Das Vanillemark, Zucker und Zitronensaft unterrühren. Die Masse auf die Vanillecreme (die Englische Creme) geben. Kalt stellen, bis die Himbeermasse fest ist.

Die Schokolade im Wasserbad auflösen. Die Butter in einem Stieltopf flüssig werden lassen und unter die Schokoladenmasse rühren.

Jeweils ein Törtchen aus der Form lösen, auf eine Gabel setzen und die Glasur mit einem Löffel über das Törtchen geben. Das Törtchen auf ein Gitter stellen. Kalt stellen, bis die Glasur schön fest ist.

TIPP: Das Rezept für die Vanilletörtchen ergibt zwölf Stück, weniger Arbeit macht es, wenn Sie einfach eine einzige große Torte herstellen. Damit die Schokoladenglasur beim Aufschneiden der Torte nicht bricht, sollten Sie das Messer vorher in kochend heißes Wasser tauchen.

Ich wurde oft ausgelacht. In meiner Kindheit und auch später, als ich begonnen hatte, anders als die anderen zu kochen. Doch ich wusste: Ich tue das Richtige. Und ich würde mit meiner Arbeit, mit all der Mühe Erfolg haben. Deshalb war mir das Lachen egal. Ich lernte und entwickelte mich weiter. Eigentlich hätte ich schon so oft alles hinschmeißen müssen. Aber der einfache Weg führte halt nicht zu meinem Ziel. Gleichstand ist Rückschritt, und Rückschritt ist Verlieren. Ich wollte keine Verliererin mehr sein. Und es ist mir mit Hilfe und Rücksichtnahme meiner Familie auch gelungen. Meine Familie musste oft wegen meiner Arbeit hintanstehen. Ich wäre lieber eine »beste Mutter der Welt« als die so oft zitierte »beste Köchin«. Dieser Titel wurde mir von der Presse verliehen. Um die beste Mutter der Welt zu sein, muss man aber weit mehr leisten, als einen Saibling hübsch anzurichten. Man muss einfach da sein. Verstehen, verzeihen, verzichten. Und das ist so verdammt schwer.

Panna cotta
mit Waldbeeren

250 ml Obers (Schlagrahm)

250 ml Milch

75 g Zucker

Mark von $^{1}/_{4}$ Vanilleschote

2 Blätter Gelatine

(in kaltem Wasser eingeweicht)

250 ml geschlagenes Obers

300 g Waldbeeren

Staubzucker (Puderzucker),

Zitronensaft

250 Milliliter vom Obers (Schlagrahm) mit der Milch, dem Zucker und Vanillemark aufkochen. Die Gelatineblätter ausdrücken und in die Flüssigkeit rühren. Abkühlen lassen. Das restliche Obers steif schlagen und unter die Obers-Milch-Mischung heben, kurz bevor diese zu stocken beginnt. Die Masse in Gläser füllen und für 1 Stunde kalt stellen.

Die Hälfte der Beeren im Mixer pürieren und mit Staubzucker und Zitronensaft abschmecken. Die restlichen Beeren unterheben.

Vor dem Servieren die Panna cotta mit Waldbeermus und nach Belieben mit frischen Beeren garnieren.

TIPP: Man kann die Panna cotta auch in Förmchen füllen und nach dem Kühlen auf Teller stürzen. Dazu eine Schokoladensauce – dieses Dessert lieben Kinder!

Sonntagskuchen

250 g gesiebtes Mehl

60 g Butter

8 g Salz

100 g Zucker

20 g Germ (Hefe)

2 Eigelbe

2 Eier

70–90 ml lauwarme Milch

Butter für die Form

Mehl für die Form

100 g Powidl

(Zwetschgenmarmelade)

Butter und Mehl für die Form

Glasur:

1 Eigelb

2 EL Milch

Das Mehl in eine Rührschüssel sieben. Die Butter schaumig schlagen und hinzufügen. Salz, Zucker, Germ (Hefe), Eigelbe und Eier zugeben und das Ganze mit den Knethaken der Küchenmaschine oder des Handrührgeräts verkneten. Die Milch in kleinen Portionen zugeben und nur so viel, dass der Teig geschmeidig wird. Den Teig so lange kneten, bis er sich von der Schüssel löst. Die Schüssel mit einem Tuch abdecken und den Teig an einem warmen Platz etwa 30 Minuten gehen lassen.

Eine Kastenform mit Butter einfetten und mit Mehl bestäuben (überschüssiges Mehl herausschütten). Den Backofen auf 170 °C (Umluft) vorheizen.

Den Teig rechteckig ausrollen (Breite wie Kastenformlänge), in der Mitte mit Powidl füllen und von oben und unten einschlagen. Mit der überlappenden Seite nach unten in die Kastenform legen.

Für die Glasur das Eigelb mit der Milch verrühren und damit die Oberfläche des Teigs gleichmäßig bestreichen. Die Form mit einem Tuch abdecken und den Teig nochmals an einem warmen Platz etwa 20 Minuten gehen lassen.

Den Kuchen im vorgeheizten Ofen 5 Minuten backen. Dann die Hitze auf 150 °C herunterschalten und den Kuchen etwa 25 Minuten weiterbacken. Dabei sollten Sie in die Fettpfanne des Ofens 2 Finger hoch Wasser gießen – so entsteht Dampf, und der Kuchen bleibt schön saftig. Den Kuchen noch warm aus der Form stürzen.

Dunkle Roulade mit Erdbeer-Obers-Creme

Schokobiskuit:

5 Eier

120 g Staubzucker (Puderzucker)

1 EL Vanillezucker

30 g Kakaopulver

80 g Mehl oder 60 g Maisstärke

1 TL Backpulver

feiner Kristallzucker zum Bestreuen

Füllung:

300 ml Obers (Schlagrahm)

3 EL Zucker

Mark von 1 Vanilleschote

3 EL Rum

6 Blätter Gelatine
(in kaltem Wasser eingeweicht)

300 g Erdbeeren
(in Stücke geschnitten)

Die Eier sauber trennen. Eigelbe, Staubzucker und Vanillezucker schaumig schlagen. Kakao, Mehl und Backpulver untermischen. Das Eiweiß cremig schlagen und unterheben.

Ein Backblech mit Backpapier auslegen und den Teig etwa 1 cm dick aufstreichen. Im Backofen bei 200 °C etwa 12 Minuten backen. Das Schokobiskuit auf ein mit Zucker bestreutes Backpapier stürzen. Das mitgebackene Backpapier noch heiß vorsichtig vom Teig abziehen. Den Biskuit etwas abkühlen lassen und dann samt Papier eng einrollen. Auskühlen lassen.

Für die Füllung das Obers mit dem Zucker cremig schlagen und das Vanillemark zugeben. Den Rum erhitzen und darin die ausgedrückte Gelatine auflösen, dann in die Obersmasse einrühren. Den Biskuit wieder ausrollen, mit der Obersmasse bestreichen und mit den Erdbeerstückchen belegen. Eng einrollen – diesmal ohne Papier – und etwa 6 Stunden kalt stellen.

Zum Servieren die Roulade mit Zucker bestreuen und in Scheiben schneiden.

Schwarzbeerdatschi

400 g Schwarzbeeren
(oder andere Waldbeeren)
150 g gesiebtes Mehl
80 g Zucker
1 Prise Salz
60 ml Milch
60 g Butter
Staubzucker

Die Beeren in eine Schüssel geben. Mehl, Zucker und Salz unterheben. Die Milch mit der gleichen Menge Wasser erhitzen und mit einem Kochlöffel vorsichtig in die Beerenmasse einarbeiten. Die Butter in einer ofenfesten Pfanne zerlassen und den Teig zugeben.

Den Beerendatschi im Backofen bei 170 °C etwa 10 Minuten backen; dabei etwa nach der Hälfte der Backzeit den Datschi wenden. Herausnehmen.

Den Datschi mit Staubzucker bestreut servieren.

TIPP: Diese Lieblingsspeise meiner Kinder und meiner Köche schmeckt am besten mit etwas Vanilleparfait (Rezept Seite 236).

Milchrahmstrudel

Teig:

200 g Mehl

1 EL Öl

1 Prise Salz

Füllung:

3 Eier

100 g Butter

30 g Staubzucker
(Puderzucker)

300 g Topfen (Quark)
(ausgedrückt)

100 g Joghurt

2 EL Rosinen

50 g Zucker

zerlassene Butter
zum Bestreichen

Royal:

170 ml Milch

2 Eier

20 g Zucker

Mark von $\frac{1}{4}$ Vanilleschote

Die Zutaten für den Teig mit so viel Wasser verkneten, bis ein geschmeidiger Teig entstanden ist. Den Teig in Klarsichtfolie wickeln und ruhen lassen.

Für die Füllung die Eier sauber trennen. Die Eigelbe mit der Butter, dem Staubzucker schaumig schlagen, Topfen, Joghurt und Rosinen zugeben. Das Eiweiß mit dem Zucker steif schlagen und unter die Topfenteigmasse heben.

Den Strudelteig ausziehen und dünn mit zerlassener Butter bestreichen. Die Füllung darauf verteilen und einrollen. In eine gebutterte Form legen. Den Backofen auf 170 °C vorheizen.

Alle Zutaten für das Royal miteinander verrühren und über den Strudel gießen. Den Strudel im vorgeheizten Backofen etwa 50 Minuten backen.

TIPP: Herrlich dazu – ein lauwarmes Vanillesabayon!

Heiße Liebe mit Schokoladenherzen

Vanilleparfait:

2 Eigelbe (zimmerwarm)

1 Ei (zimmerwarm)

Mark von $^1/_2$ Vanilleschote

70 g Zucker

250 ml Obers (Schlagrahm)

2 Blätter Gelatine

(in kaltem Wasser eingeweicht)

Schokoladenherzen:

100 g Zartbitterschokolade

150 g Himbeermark

(passierte TK-Himbeeren)

Staubzucker (Puderzucker)

Rum

300 g frische Himbeeren

Für das Parfait eine Rührschüssel mit heißem Wasser ausspülen, Eigelbe, Ei, Vanillemark und Zucker im Mixer schaumig aufschlagen. 50 Milliliter Obers erwärmen und darin die ausgedrückte Gelatine einrühren, dann mit der Ei-Zucker-Mischung vermischen. Das restliche Obers cremig aufschlagen und vorsichtig unter die Masse heben. Das Parfait dreiviertel hoch in schöne Gläser oder Tassen füllen und mindestens 3 Stunden gefrieren lassen.

Inzwischen Backpapier in einer Größe von 15 x 25 cm zuschneiden und auf ein Blech oder Tablett legen (sollte in den Kühlschrank passen). Für die Schokoladenherzen 70 Gramm der Schokolade im Wasserbad schmelzen lassen. Die restliche Schokolade klein hacken. Den Topf vom Wasserbad nehmen. Die Schokoladenstückchen zugeben und unter Rühren auflösen, bis die Masse ganz glatt ist. Die Schoko-Masse dünn auf die Backpapierstücke streichen und kalt stellen, bis die Schokolade fest ist. Danach etwa 3 Minuten bei Zimmertemperatur stehen lassen und mit einem Herzausstecher ausstechen. Die Herzen kalt stellen.

Das Himbeermark mit Staubzucker und Rum abschmecken, die frischen Himbeeren unterrühren und auf das Parfait geben. Mit den Schokoherzen verzieren.

TIPP: Wenn Sie noch etwas Schlagobers übrig haben, dann können Sie mein Lieblingsdessert damit verzieren.

Schaumrollen

300 g TK-Blätterteig

Mehl für die Arbeitsfläche

500 ml Obers (Schlagrahm)

2 EL Staubzucker (Puderzucker)

2 EL Vanillezucker

Den Blätterteig auftauen lassen und auf der bemehlten Arbeitsfläche zu einem etwa 30 cm großen Quadrat ausrollen. Anschließend die Teigplatte in 3 cm breite Streifen schneiden. Die Teigstreifen spiralförmig und leicht überlappend um spezielle Schaumrollen-Röhrchen wickeln.

Den Backofen auf 180 °C (Umluft) vorheizen. Ein Backblech mit Backpapier auslegen. Die Schaumrollen mit Abstand auf das Blech legen und im vorgeheizten Ofen etwa 20 Minuten goldbraun backen. Herausnehmen und die Schaumrollen sofort von den Formen lösen und auf einem Kuchengitter abkühlen lassen.

Das Obers mit dem Staub- und Vanillezucker cremig schlagen. In einen Spritzbeutel geben und die Schaumrollen füllen. Die Rollen nach Belieben mit Staubzucker bestreuen.

TIPP: Sie können den »Schaum« noch mit 2 Esslöffeln Marmelade verbessern, dann schmecken die Rollen noch besser. Wenn Sie sich die speziellen Schaumrollen-Formen nicht besorgen können oder wollen, dann wickeln Sie reichlich extrastarke Alufolie um einen dickeren Stab. Dann umwickeln Sie den Stab mit den Teigstreifen, anschließend ziehen Sie den Stab vorsichtig heraus und verfahren weiter wie in der Rezeptanleitung beschrieben.

Bayerische Creme

200 ml Milch

50 g Zucker

Mark von $\frac{1}{2}$ Vanilleschote

4 Eigelbe

4 Blätter Gelatine

(in kaltem Wasser eingeweicht)

300 ml Obers (Schlagrahm)

Milch, Zucker und Vanillemark zum Kochen bringen. Vom Herd nehmen.

Die Eigelbe mit dem Handmixer schaumig aufschlagen. Die Zuckermilch zugießen und das Ganze zu einer cremigen Masse schlagen. Die Gelatine ausdrücken und in der Creme sorgfältig auflösen. Abkühlen lassen.

Das Obers cremig aufschlagen und zügig unter die Creme heben. Die Creme in Gläser oder Schälchen füllen und 2 Stunden kühl stellen.

TIPP: Dieses herrliche Dessert können Sie – je nach Jahreszeit – wunderbar mit einer Schokosauce, mit Beeren oder passierten Fruchtsaucen servieren.

Lychee-Ingwer-Marmelade

1 kg Lychees (Litschipflaumen,
frisch oder aus der Dose)
150 g Erdbeeren
45 g frischer Ingwer
Zitronensaft
500 g Gelierzucker (2:1)
80 %iger Rum

Die Lychees entkernen (Früchte aus der Dose abtropfen lassen und den Saft anderweitig verwenden). Die Erdbeeren waschen, putzen und vierteln. Den Ingwer schälen und fein reiben.

Die Früchte, den Ingwer, etwas Zitronensaft und Gelierzucker mischen. 2 bis 3 Stunden ziehen lassen.

Die Fruchtmasse in einem Topf einmal aufkochen lassen, dabei ständig rühren, damit nichts anbrennt. Die noch heiße Marmelade in sterile Gläser füllen, mit Rum beträufeln, anzünden und sofort mit dem Deckel verschließen.

Kühl gelagert hält sich die Marmelade mehrere Monate.

Roquefortpralinen mit Walnüssen

150 g Roquefort
500 g Doppelrahmfrischkäse
2 TL Aceto Balsamico
1 TL Portwein
1 TL Gin
100 g gehackte und
geröstete Walnüsse

Den Roquefort mit einer Gabel fein zerdrücken, dann mit dem Frischkäse gut verrühren. Aceto Balsamico, Portwein und Gin unterrühren.

Aus der Käsemischung mit angefeuchteten Händen kleine Kugeln formen und in den Walnüssen wälzen. Die Roquefortpralinen gut gekühlt servieren.

TIPP: Am besten schmecken die Roquefortpralinen auf Kompott-Birnenscheiben.

Waldmeistercocktail

1 l trockener Weißwein
(oder Wasser)
220 g Zucker
250 ml frisch gepresster Zitronensaft
10 g frische Waldmeisterblätter

Alle Zutaten in einer Schüssel mischen und abgedeckt 12 Stunden im Kühlschrank ziehen lassen. Den Cocktailansatz mit Mineralwasser, Prosecco, Sekt oder Champagner aufspritzen.

Holundercocktail

250 g Holunderblüten
1 l trockener Weißwein
(oder Wasser)
220 g Kristallzucker
Saft von 5 Zitronen

Die Holunderblüten unter fließendem Wasser waschen. Von den Stängeln befreien und nur die Blüten mit Wein, Zucker und Zitronensaft mindestens 12 Stunden im Kühlschrank ziehen lassen. Den Cocktailansatz mit Mineralwasser, Prosecco, Sekt oder Champagner aufspritzen.

Zitronen-Thymian-Saft mit Ingwer

20 g frischer Ingwer
10 Zweige Zitronenthymian
(ersatzweise »normaler« Thymian)
1 l trockener Weißwein
(oder Wasser)
200 g Kristallzucker
Saft von 5 Zitronen

Den Ingwer schälen und sehr fein zerkleinern. Die Blätter von den Thymianzweigen abzupfen. Ingwer und Thymian mit den restlichen Zutaten in eine Schüssel mischen und das Ganze im Kühlschrank mindestens 12 Stunden ziehen lassen.

Den Cocktailansatz mit Mineralwasser, Prosecco, Sekt oder Champagner aufspritzen.

TIPP: Nicht jeder mag es, wenn Blätter oder Blüten im Glas schwimmen (obwohl man sie essen kann). Daher für das Einfüllen eines Cocktailansatzes eine saubere Schöpfkelle verwenden und den Ansatz durch ein kleines Sieb in die Gläser laufen lassen und die aufgefangenen Blätter oder Blüten wieder in die Schüssel geben.

Verzeichnis der Rezepte

Apfeltarte	210
Asiatische Forellenbällchen	141
Asiatisches Gewürz	30
Backerbsen	57
Bananen-Obers-Schnitte	196
Bärlauchöl	44
Bärlauchpaste	46
Basilikumöl	44
Bayerische Creme	238
Biskuitteig für Torten und Schnitten	60
Blitzpizza für die Enkerln	164
Branzino auf Tomatenrisotto	148
Carpaccio vom Saibling mit Limetten-Pfeffer-Öl und Kaviarkartoffeln	190
Carpaccio vom Thunfisch mit Wasabi-Creme	144
Cassata-Parfaitherzen mit Früchten	205
Charente-Melone mit Büffel-Mozzarella	166
Cocktailsauce	51
Cremesuppe vom Knollensellerie mit winterlichem Backgemüse	83
Dotterbusserl	203
Dunkle Roulade mit Erdbeer-Obers-Creme	229
Dunkler Schoko-Haselnuss-Biskuit	60
Eierschwammerlsuppe mit Petersilknöderln	74
Entensauce	32
Erdbeerparfait	207
Faschingskrapfen	204
Fischfond	27
Fischgewürz	30
Forellenfilet auf Häuptelsalat, Eierschwammerln und Speck	140
Forellenfilet in der Folie mit Schnittlauch-Kren-Sauce	142
French Dressing	45
Gebackene Kalbsleber mit Preiselbeerkrapferl und Pilzen	102
Gebackener Spargel	176
Gebratene Weihnachtsgans	118
Geflügelfarce	32
Geflügelfond	26
Geflügelgewürz	30

Gefüllte Wachteln mit Steinpilzen und Blattspinat	114
Gekochtes Kalbfleisch	96
Gelierte Rindssuppe mit Backerbsen	72
Gelierte Tomatensuppe	77
Gemüsefond	26
Geschmorte Weihnachtsgans mit gefülltem Polentaknödel und Wirsinggemüse	119
Geschmortes Lammhaxerl mit orientalischem Couscous	125
Grießknödel	56
Grießnockerl	57
Grillsauce	41
Haselnusskekserl	203
Hausgebeizter Wildlachs	153
Hefeteig	65
Heiße Liebe mit Schokoladenherzen	236
Himbeerschokoladentörtchen	220
Hirschragout	135
Holundercocktail	246
Holunder-Erdbeer-Melange	219
Hühnerflügerl mit gebackenen Champignons und Sauerrahm-Dip	122
Joghurt-Mandarinen-Torte	213
Johannas Apfelstrudel mit Marzipan	217
Junglammschulter in der Kräuterkruste mit Parmesanpolenta	127
Kalbsbraten	97
Kalbsbriestörtchen mit Schnittlauchsauce	103
Kalbsrahmgulasch	104
Kalbssauce	35
Kaninchen-Carpaccio auf Reiberdatschi	130
Kaninchenspieß in der Sesamkruste mit Parmesansauce und Kräutersalat	130
Karree vom Jungschwein mit Pflaumensauce und Gnocchi	109
Kartoffelchips	185
Kartoffelpüree	184
Kartoffelsalat	170
Kernölmarinade	45
Klare Rehsuppe mit Grießnockerln	80
Klebreis	52
Knusprig gebratener Zander mit Spargelrisotto	146

Kräuterpaste	46
Kräutersauce für Fisch und Fleisch	51
Lammkarree in der Kräuterkruste mit Reiberdatschi und Fisolen	126
Lammsauce	37
Lasagne Provençal	160
Lauwarm marinierter Spargel mit Flusskrebsen	150
Limetten-Pfeffer-Öl	44
Lychee-Ingwer-Marmelade	242
Marillenkuchen	216
Marinade für Blattsalate	66
Marinade für gebratenes Gemüse	66
Marinierter Ziegenfrischkäse	166
Markknöderl	56
Mayonnaise	49
Mediterranes Gewürz	31
Milchrahmstrudel	233
Milzschnitten	56
Mit Tomaten geschmorter Ochsenschlepp	95
Mürbteig	64
Nockerl	57
Nudelteig	55
Olivenpaste	46
Palatschinkenteig	64
Panna cotta mit Waldbeeren	224
Parmesankekserl mit Dillcreme und Forellenkaviar	185
Parmesansauce	41
Pasta Fiori	156
Pesto	49
Petersilienöl	44
Pfeffermischung	30
Pikanter Hühnerspieß mit Gemüse-Zartweizen	116
Pikanter Rindsbraten mit Cognac-Schalotten-Jus und herbstlichem Gemüse	91
Pizzateig	59
Preiselbeerbrioche	207
Preiselbeerkrapfen	186
Reh im Gewürzjus mit Preiselbeerkrapferln und Waldpilzen	132

Reh mit Lauch, Preiselbeerspitz und Quittenconfit	134
Rehgewürz	31
Rehsauce	36
Reiberdatschi	184
Ribisel-Haselnuss-Kekse	202
Ricottaravioli mit Tomaten-Oregano-Sauce	156
Rinderfilet mit Gewürzjus und Rosmarin-Reiderdatschi, Palmherzen und Waldpilzen	195
Rindergewürz	31
Rindssuppe	71
Ripperl vom Schwein oder Lamm	107
Risotto-Grundrezept	52
Roquefortpralinen mit Walnüssen	242
Rote-Rüben-Suppe	78
Rucolasalat mit Parmesan und Kirschtomaten	170
Sauerrahm-Dip	50
Sauerrahm-Knoblauch-Dip	50
Schaumrollen	237
Schneckenravioli	192
Schnittlauch-Kren-Sauce	50
Schwarzbeerdatschi	230
Schweinefilet in der Folie mit Eierschwammerln	113
Schweinsbraten vom Spanferkel	108
Seeteufel-Saltimbocca mit hauchdünnem Gewürzspeck, Parmesan und Mangoldrisotto	145
Shrimpscocktail	145
Sommerliche Blattsalate mit Scampi und marinierten Eierschwammerln	172
Sonntagskuchen	226
Spaghetti mit Scampi	158
Spaghettini mit Venusmuscheln, Knoblauch und Petersilienöl	157
Sulzerl vom Rind	90
Süßsaure Sauce	41
Tempurateig	59
Thunfisch mit zweierlei Pfeffer und Klebreis	144
Tomatensauce	38
Tomatensuppe	78
Unter der Haut gefülltes Brathuhn	123
Vanilletörtchen mal zwei	212

Vegetarisch gefüllte Paprika in Tomatensauce	183
Vegetarischer Gemüsekuchen	180
Vitello tonnato	98
Vogerlsalat mit Krusteln	171
Waldmeistercocktail	246
Wasabi-Creme	51
Wiener Backfleisch mit Kernölmarinade	92
Wiener Schnitzel	100
Wurzelfleisch	110
Zitronen-Thymian-Saft mit Ingwer	246
Zweierlei Spargel mit Frühlingskräutern und Paprikasalsa	175

Meine Kochschule · Die DVD

Suppen und Vorspeisen

Ziegenkäse 166 · Marinierte Shrimps
Bärlauchcremesuppe 57
Parmesansüppchen mit Scampi-Tascherln 62
Eierschwammerlsuppe mit Petersilknödel 74
Vitello Tonnato 98
Sülze von der Kalbszunge auf Kernölvinaigrette 21
Hühnerflügerl mit zweierlei Sauce 122

Hauptspeisen

Forellenfilet mit Schnittlauch-Kren-Fond 142 · Spagettini mit Scampis 158
Zanderfilet mit Spargelrisotto 146 · Kaninchenspieß in Sesamkruste 130
Tafelspitz mit Kernölvinaigrette · Wiener Schnitzel 100
Saurer Kaiserschmarrn · Zweierlei Spargel mit Frühlingskräutern 175
Pilzknödel

Süßes

Erdbeer-Holunder Dessert 198 · Marmorguglhupf 208
Panna Cotta mit Waldbeeren 224 · Schokospitz 196
Fruchtkuchen

Das Festtagsmenü (Bonus)

Maronischaumsuppe · Hecht mit Roter-Beete-Sauce 123
Rehrücken mit weihnachtlichen Gewürzen · Maronicrème

Grün Johanna Maier, Meine Kochschule
Orange Johanna Maier (ISBN 3-89910-208-8)

Meinen Kindern Simone, Tobias, Dietmar und Johannes
Meinem geliebten Mann Dietmar

»Widme Dich dem Kochen und der Liebe von ganzem Herzen.«

Vielen Dank an Luzia Ellert, Gabriele Halper und Julia Selitsch, an Rainer Herrmann und
Hadubrand Schreibershofen. Sie haben diesem Buch in Bildern und Worten Gestalt gegeben.
Tatkräftig unterstützt haben mich Marietta Löffler und meine Köche Gabor Benke, Daniel
Salchegger, Sandra Rühle und Yvonne Keul, vielen Dank auch an mein Küchenteam
Cvijeta Lukic, Gabor Honosi und Zoltan Soós, an mein Serviceteam Michael Eisner, Andreas
Krefting, Angelika Spitzer, Christoph Farmer, Heike Huber und an unseren guten Geist, Birgit
Haslinger.
Markus Kampp und seinem Team verdanke ich die wunderbaren kleinen Filme aus unserer
Küche und über unser schönes Filzmoos.
Mein Lektor Jürgen Welte ist (noch) kein guter Kochschüler und hatte darum die Idee zu
diesem Buch. Vielen Dank für sein Engagement und seine Freundschaft.
Ich danke vor allem und ganz besonders meiner Verlegerin Anja Heyne. Meine große
Bewunderung gilt ihrer außergewöhnlichen Persönlichkeit.

Fotografiert von Luzia Ellert, Wien (Food- und Stillifefotografie)
und Rainer Herrmann, Fürstenfeldbruck

Aufgezeichnet von Hadubrand Schreibershofen, Wien

Foodstyling: Gabriele Halper, Wien
Styling und Hintergrundgestaltung: Julia Selitsch, Wien

Herzlichen Dank für die großzügige Unterstützung mit Pfannen und Töpfen
an Gastro Rudolf Holzmann, Wien, und an die Firma Dibbern für das Geschirr.

DVD »Meine Kochschule«
Regie: Markus Kampp
Redaktion Bayerischer Rundfunk: Ruprecht Joos
Eine Produktion des Bayerischen Rundfunks
Copyright © 2005 für diese Zusammenstellung by
Collection Rolf Heyne GmbH & Co. KG, München
Einige der auf der DVD vorgestellten Rezepte sind Johanna Maiers Kochbüchern
»Johanna Maier« (ISBN 3-89910-208-8) und »Meine Kochschule« (ISBN 3-89910-274-6)
beide erschienen in der Collection Rolf Heyne, entnommen.

www.collection-rolf-heyne.de

2. Auflage 2005

Copyright © 2005 by Collection Rolf Heyne GmbH & Co. KG, München

Umschlaggestaltung: Hauptmann & Kompanie Werbeagentur, München – Zürich
Umschlagfoto: Rainer Herrmann, Fürstenfeldbruck
Layout: Elisabeth Petersen, München
Redaktion: Renate Weinberger, München
Lithografie: Lorenz & Zeller, Inning a. A.
Druck und Bindung: Printer Trento, Trento

Printed in Italy

ISBN 3-89910-274-6